VALORISATION DU PATRIMOINE CULTUREL ET DEVELOPPEMENT LOCAL DE LA COMMUNE D'ATHIEME

Sabin Dodji GBEMAHLOUE et Elodie Kossiwa SODANTONOU

Éditeur: Upway Books
Auteurs: Sabin Dodji GBEMAHLOUE et Elodie Kossiwa SODANTONOU
Titre: VALORISATION DU PATRIMOINE CULTUREL ET DEVELOPPEMENT LOCAL DE LA COMMUNE D'ATHIEME
ISBN: 978-1-917916-70-7
Couverture réalisée sur: www.canva.com

Ce livre est un ouvrage de non-fiction. Les informations qu'il contient sont basées sur les recherches, l'expérience et les connaissances des auteurs au moment de la publication. L'éditeur et les auteurs ont fait tout leur possible pour garantir l'exactitude et la fiabilité des informations, mais ils 'assument aucune responsabilité en cas d'erreurs, d'omissions ou d'interprétations contraires du sujet traité. Cette publication n'est pas destinée à se substituer à un avis ou à une consultation professionnelle. Les lecteurs sont encouragés à demander l'avis d'un professionnel si nécessaire.

contact@upwaybooks.com
www.upwaybooks.com

DEDICACE 1

A

- mon père GBEMAHLOUE Kouèssivi Timoléon ;
- ma mère HLEKPE Maria Dadavi Clémence.

DEDICACE 2

A

- mon père SODANTONOU M. Honoré ;
- ma mère SEVON Essivi.

REMERCIEMENTS

Nous tenons tout d'abord et avant tout à rendre grâce à Dieu de nous avoir donné le courage et la détermination ainsi que la patience pour pouvoir franchir toutes les épreuves afin d'arriver à ce stade.

La réalisation du présent travail a été rendue possible grâce au soutien et à la contribution de plusieurs personnes que nous tenons à remercier.

- ➤ Nous exprimons nos sincères reconnaissances et plus vifs remerciements au Dr Bruno MONTCHO, Directeur de notre mémoire pour son encadrement, sa disponibilité, ses conseils, ses encouragements et ses orientations.
- ➤ Nous exprimons gratitudes à l'endroit de notre Co-directeur Directeur Dr Innocent G.G. DANDJI pour sa disponibilité et son accompagnement.
- ➤ Nous voudrions également remercier Mr KPEHOUN Alexandre pour les conseils, ses orientations qui nous ont permis d'évoluer dans la rédaction.
- ➤ Nous voudrions également remercier Mr GOÏ Xavier pour les conseils, ses orientations qui nous ont permis d'évoluer dans la rédaction.
- ➤ Nous tenons aussi à remercier nos parents GBEMAHLOUE K. Timoléon et HLEKPE M. D. Clémence pour leur soutien moral et financier, leur affection qu'ils nous ont témoigné tout le long du notre cursus.
- ➤ Nous remercions nos frères Marcel, Alain, Martinien et nos sœurs Lucia, Opportune, Edwige, Geneviève, Bricette pour leur disponibilité et le temps qu'ils nous ont accordé pour nous occuper de notre rédaction.
- ➤ Nous tenons aussi à remercier nos parents SODANTONOU M. Honoré et SEVON Essivi pour leur soutien moral et financier, leur affection qu'ils nous ont témoigné tout le long du notre cursus.
- ➤ Nous remercions nos frères Florent, Dénis et nos sœurs Lucie, Adeline, Edwige, Merveille, Géraudine pour leur disponibilité et le temps qu'ils nous ont accordé pour nous occuper de notre rédaction.
- ➤ Nous voudrions remercier également tous ceux qui ont apporté leur aide de près ou de loin et contribué à la réalisation de ce mémoire, qui fut pour nous une expérience très enrichissante.

SIGLES ET ACRONYMES

- **AAT-Athiémé** : Association des Acteurs du Tourisme d'Athiémé
- **AGT**   : Association des Guides Touristiques
- **CIRTOUM**   : Circuit Touristique du Mono
- **DS-A**   : Département de Sociologie-Anthropologie
- **FASHS**   : Faculté des Sciences Humaines et Sociales
- **GI-MONO**   : Groupement Intercommunal du Mono
- **ICOMOS**   : Conseil International Des Monuments et des Sites
- **IESA**   : Institut d'Etude Supérieure des Arts
- **MCC**   : Millennium Challenge Corporation
- **OCDE**   : Organisation de Coopération et de Développement Economique
- **PAG**   : Programme d'Action du Gouvernement
- **PDC**   : Programme de Développement Communal
- **PIB**   : Produit Intérieur Brut
- **PSMV**   : Plan de Sauvegarde et de Mise en Valeur
- **PTF**   : Partenaires Techniques et Financiers
- **UAC**   : Université d'Abomey-Calavi
- **UNESCO**   : Organisation des Nations Unies pour le l'Education, la Science et la Culture

RESUME

La commune d'Athiémé regorge d'énormes potentialités riches en culture et en histoire, mais force est de constater que le tourisme dans cette ville est toujours embryonnaire. Cela est dû à plusieurs problèmes qui entravent le développement de ce secteur dans la commune. Ainsi, la présente recherche vise à analyser les facteurs qui concourent à l'abandon du patrimoine culturels de cette localité. Pour mener à bien cette recherche, la documentation, les investigations et l'observation ont été utilisées comme techniques pour la collecte des données. Un choix raisonné a permis de sélectionner mieux orienter le travail vers 20 personnes cibles de la localité. Les résultats indiquent que la plupart des sites abritant les patrimoines sont des propriétés privées et cela est la cause principale de l'abandon des œuvres touristiques de la commune. A cela s'ajoute d'autres comme le manque de financement pour la rénovation, faible partenariat public et privé, manque d'infrastructure routière engendrant des difficultés d'accès aux sites, à l'insuffisance des structures de gestion et d'accueil, à un manque de volonté politique des autorités locales, et à l'absence d'une politique de stimulation des opérateurs économiques et de politique culturelle adéquate au secteur. Les résultats obtenus nous permettent de dire que le développement du tourisme à Athiémé est subordonné à une bonne gestion et une revalorisation des patrimoines de cette région.

Mots clés : Athiémé, gestion, patrimoine culturel, patrimoine touristique, développement local.

ABSTRACT

The town of Athiémé is full of enormous potential rich in culture and history, but it is clear that tourism in this city is still embryonic. This is due to several problems that hinder the development of this sector in the municipality. Thus, this research aims to analyze the factors that contribute to the abandonment of the cultural heritage of this locality. To carry out this research, documentation, investigations and observation were used as techniques for data collection. A reasoned choice made it possible to better orient the work towards 20 target people in the locality. The results indicate that most of the sites housing the heritages are private properties and this is the main cause of the abandonment of the tourist works of the commune. Added to this are others such as the lack of funding for renovation, weak public and private partnership, lack of road infrastructure causing difficulties in accessing the sites, insufficient management and reception structures, a lack of political will on the part of local authorities, and the absence of a policy to stimulate economic operators and of an appropriate cultural policy for the sector. The results obtained allow us to say that the development of tourism in Athiémé is subordinated to a good management and a revalorization of the heritages of this region.

Key words: Athiémé, management, cultural heritage, tourist heritage, local development.

INRODUCTION

A l'origine l'*homo sapiens* se servait des abris créés par la nature pour se protéger. Pendant son évolution, il a acquis des connaissances et des procédés de construction d'abris en se servant des matériaux de son environnement. La terre crue entre autres, a été et demeure un des principaux matériaux de construction qui a permis de concevoir des types d'architecture originale qui se distinguent d'une civilisation à une autre.

 Avec le triomphe de ce qu'il est maintenant convenu d'appeler la globalisation et le développement, sans précédant, des nouvelles technologies de l'information et de la communication, il ne fait plus de doute qu'aucune parcelle du globe ne peut vivre dans l'ignorance des autres et que les interactions, qu'elles soient acceptées ou rejetées, se feront. Les enjeux de diversité culturelle n'en sont que plus importants car il y a un vrai risque d'uniformisation en raison de l'hégémonie des modèles dominants. Au nombre des richesses en sursis, il n'est pas exagéré de citer l'architecture traditionnelle en Afrique dont l'avenir est plus que compromis (F. Ogou, 2013).

Le patrimoine culturel africain, tant matériel qu'immatériel, n'échappe pas à la dialectique entre tradition et modernité qui traverse toutes les sociétés africaines contemporaines. Son adaptation et sa transformation dans le cadre des nouvelles tendances culturelles et des demandes sociales nous invitent à examiner ses présupposés théoriques et pratiques et à repenser son rôle par rapport aux conditionnalités contraintes de la culture globale d'aujourd'hui (Campus Africain, 2022).

Le Bénin à l'instar d'autres pays africains possède un fort potentiel culturel qui lui vient de sa culture propre et du brassage résultant de la traite négrière (M. Boko, 2014) et de la colonisation. Le développement inscrit dans la durabilité des pays du Sud passe avant tout par la prise en compte, l'exploitation et la gestion rationnelle des ressources naturelles, culturelles, mais aussi humaines de chaque Etat (D. Moussa et F. Ayoub, 2010). Ceci ne saurait être effectif sans l'apport de la culture. Ce n'est qu'après la conférence des forces vives de la nation de 1990 que l'Etat l'a si bien compris en adoptant une politique et une charte culturelle, suite aux états généraux de la culture de la même année (J. Gbemetonou, 2016). Ces documents d'orientation et législatif avaient pour objectifs de « replacer la culture à la base du processus de développement de la République du Bénin » (MCC, 1991).

La Commune d'Athiémé dispose d'atouts touristiques considérables par l'attrait de son patrimoine culturel et la richesse de ses sites qui lui procurent une vocation touristique par excellence. Elle regorge d'importants vestiges de l'administration coloniale. D'importantes bâtisses retracent l'histoire de cette ville qui fut l'un des neuf cercles créés par l'arrêté général n°149 du 24 juin 1913, et placés sous l'administration d'un colon français. Néanmoins, la gestion de ce patrimoine fait défaut, le patrimoine culturel est en péril et mis à l'écart et il y a urgence de l'insérer dans la vie actuelle (I. B. Fanou, 2022).

Le patrimoine culturel n'est pas une contrainte ou une charge, mais une richesse et une chance. Au service des territoires, il contribue à faire rayonner notre pays. Le patrimoine est plus que jamais au cœur d'enjeux essentiels pour les collectivités territoriales et leur avenir. Sa protection, sa restauration et sa valorisation constituent des vecteurs à part entière de développement de nos Communes. La protection du patrimoine est également une ambition d'utilité publique, car nos bâtiments sont porteurs d'histoire. À l'heure où la cohésion nationale est questionnée, il s'agit d'un enjeu-clé en matière de culture, car le patrimoine est au service de toutes les communautés, de tous les habitants, et permet de se retrouver autour d'un projet commun (M. Dagbert et S. de la Provote, 2020).

Notre recherche s'inscrit dans la droite ligne des recommandations des Etats parties de l'UNESCO sur la question de la préservation des biens du patrimoine culturel, à savoir l'implication des communautés à la gestion des biens et la prise en compte des modes de gestion dans les systèmes modernes pour l'amélioration de la conservation des éléments du patrimoine. C'est cette dynamique de préservation des biens du patrimoine culturel qui a motivé la présente recherche sur le sujet intitulé : « Gestion du patrimoine culturel et développement local de la Commune d'Athiémé ».

Pour réaliser ce travail, le plan adopté s'articule autour de deux parties subdivisées quatre chapitres. La première partie constituée des chapitre I et II, décrit les fondements théoriques et méthodologiques de la recherche et la seconde partie, également constituée de deux parties présentent les résultats des données collectées sur le terrain et leur analyse.

CHAPITRE 1 : CADRE THEORIQUE ET CONCEPTUEL DE LA RECHERCHE

Il est présenté dans ce chapitre, les constats liés à la gestion du patrimoine culturel, le problème, la question de recherche, les hypothèses et objectifs dans la problématique, la justification du choix de sujet, la clarification des concepts, la revue de littérature et le modèle d'analyse.

1.1.   Problématique

A l'issus de la colonisation, le Bénin a reçu un héritage qui depuis l'époque marque l'histoire de notre nation. Cet héritage a pris diverses formes selon la localité et la région du pays et est reconnu sous le terme patrimoine. L'évolution rapide de son sens au cours du XXe siècle a rendu plus complexe son approche dans la mesure où les définitions successives révèlent des différences notables, certaines de ces différences tenant au contexte, d'autres à la conceptualisation du sujet (T. Le Hegarat, 2015).   Le patrimoine culturel est, dans son sens le plus large, à la fois un produit et un processus qui fournit aux sociétés un ensemble de ressources héritées du passé, créées dans le présent et mises à disposition pour le bénéfice des générations futures (UNESCO, 2014). Le patrimoine est de ce fait l'ensemble des biens hérités des générations précédentes et elles de celles qui les précèdent. Un bien est une valeur économique, donc patrimoniale, dont un sujet de droit est titulaire et dont il peut, partant, disposer (J. Hansenne, 1996). Il va plus loin en énumérant les valeurs économiques qu'il scinde en deux : les valeurs matérielles, qui tombent sous le sens. Ce sont les choses et les valeurs économiques immatérielles, incorporelles.

Allant dans le même sens, J. Demeure (2012) trouve que le patrimoine englobe désormais toutes les formes artistiques : une photo, un film, un morceau de musique, une comptine... Il est partout et tout peut être objet de patrimoine.
On distingue trois catégories de patrimoine qui se subdivisent chacune en différentes branches : Patrimoine physique ou matériel, Patrimoine non

physique, immatériel, encore appelé patrimoine ethnologique et Patrimoine naturel (J. Demeure, 2012).

S'il est admis que le développement du Bénin passe par l'agriculture, il est aussi démontré que le socle de tout développement durable reste fondamentalement tributaire de son volet culturel (G. Agboton, 2000). La culture s'impose incontestablement comme l'un des maillons du développement comme le soulignait Agboton (2000) lorsqu'il écrit que : « La culture est au début et à la fin de tout développement ».

La diversité des sites touristiques et des monuments, les lieux de culte aussi différents les uns des autres, les palais royaux, les musées, témoignent du potentiel culturel diversifié du Bénin qui, utilisé judicieusement à l'heure de la mondialisation, pourrait permettre la conquête de vastes marchés (F. Ogou, 2004).

En effet, la Commune d'Athiémé a héritée le vestige des infrastructures de la colonisation du XIXème siècle. Ces constructions en style afro-brésilien ont servi d'habitations, de bureaux et de prisons aux colons à l'époque. Aujourd'hui, ces constructions qui jadis faisaient la gloire de cette ville, offrent un spectacle désolant, sont abandonnées et tombées en ruine (R. Cokou, 2021). Ces bâtiments sont censés être les piliers de l'histoire, de la culture, de l'économie, du social des populations de cette ville surtout avec le gouvernement de la rupture où le tourisme et la culture sont cités comme piliers de son Programme d'actions (2016-2021) au titre des secteurs d'intervention, pour engager la transformation structurelle de notre économie. L'ambition du gouvernement, lit-on dans le document, est de faire du « tourisme une filière de développement économique, créatrice de richesses et d'emplois et un outil de rayonnement du Bénin à l'international » (PAG, 2016-2021).

Cette ressource dont dispose Athiémé peut être non seulement une source intarissable de richesse mais également le pivot du développement du tourisme et de ce fait de la Commune. La ville d'Athiémé est riche en patrimoine culturel. Grâce à son passé prestigieux et historique, cette image peut être réhabilitée en faisant rayonner le potentiel culturel et en contribuant en même temps au développement local. Pour ce fait il est important de procéder à la réhabilitation, la protection et la mise en valeur de patrimoine culturel dans un contexte d'en faire un vecteur de développement avec l'Homme au cœur de ce développement car le patrimoine culturel est un élément, une composante de l'identité des communautés, groupes et individus, et de la cohésion sociale (UNESCO, 2003). Aujourd'hui, le patrimoine culturel reste un champ vaste qui offre autant par la créativité que par le tourisme culturel, des conditions favorables à la création d'emplois, à l'augmentation du revenu par habitant, à l'épanouissement du citoyen et à la reconnaissance internationale (J. Gbemetonou, 2016). Ainsi, la culture apporte une plus-value au PIB de la nation (UNESCO, 2003).

Malgré les richesses dont regorgent Athiémé, ces sites touristiques souffrent aujourd'hui d'un problème de non fréquentation et de non visites des touristes. Avec l'état dégradant et oublié du patrimoine culturel a qui est une conséquence directe de la mauvaise gestion et de la non valorisation des sites du patrimoine culturel, la population surtout qui devrait fréquenter ces sites se donnent à la promotion d'un autre secteur d'activité. Nombreux sont ceux qui ne connaissent rien des richesses dont regorge ces sites, par ce qu'ils ignorent la vraie histoire de ces œuvres touristiques. Ces différents constats posent dans cette recherche le problème de l'abandon du patrimoine culturel d'Athiémé et suscite la question de recherche suivante :
Quels sont les facteurs qui expliquent l'abandon des œuvres touristique dans la Commune d'Athiémé ?
Pour répondre à cette question, des hypothèses sont reformulées et des objectifs ont été fixés.

1.1.1. Hypothèses de recherche

Pour M. Grawitz (1991), l'hypothèse est une réponse provisoire à la question de recherche posée par le chercheur. Ainsi, pour notre recherche, les hypothèses émises sont les suivantes :

➤ l'absence d'une politique culturelle adéquate explique l'abandon des œuvres à caractère touristique d'Athiémé ;
➤ l'influence du droit de propriété familiale de ces infrastructures justifie l'abandon des œuvres à caractère touristique d'Athiémé.

1.1.2. Objectifs de recherche

De façon générale, cette recherche vise à analyser les facteurs qui concourent l'abandon du patrimoine culturel de la Commune d'Athiémé.

De façon spécifique, elle vise à :

> ➢ répertorier les politiques culturelles touristiques du Programme du Développement Communal d'Athiémé ;
> ➢ inventorier les facteurs sous-tendant la valorisation des œuvres touristiques à Athiémé.

1.2. Justification du choix de sujet et du milieu de recherche

1.2.1. Justification du choix de sujet

Travailler sur ce sujet n'a pas été un choix opéré au hasard. Deux raisons expliquent cela.

> ➢ **Raisons subjectives :**

Si nous avons choisi de travailler sur ce sujet, c'est d'abord parce le patrimoine culturel de Athiémé est dans l'oubliette, et se trouve dans un sale état. Le fait est que ces constructions qui ont marquées le cours de l'histoire de la ville, qui ont participées à la construction de l'identité sociale des habitants de cette ville sont presque inexistantes aux jeux de quelques habitants de cette ville vu qu'ils ne les connaissent même pas compte de tenu de leur histoire qui s'efface à petit coup et de leurs états délaissés. Or, ce patrimoine devrait être non seulement source de richesse économique mais devrait donner également un grand coup de fouet à la formation de l'identité sociale. Travailler sue ce sujet nous permet de proposer des approches pour la restauration et la valorisation de ce patrimoine afin de faire revivre l'histoire de la colonisation en nous et d'en tirer le plus maximum de bénéfices via le tourisme.

> ➢ **Raisons objectives :**

Nous avons entrepris cette recherche pour déterminer les différents moyens de gestion d'un patrimoine oublié. Aujourd'hui, beaucoup d'interrogations subsistent par rapport à l'importance du patrimoine dans la consolidation de l'identité, dans le social et sur tout dans l'économie. De nos recherches, nous avons su que l'Homme n'est pas en entier quand il n'a pas d'identité ou bien quand il est socialement et économiquement dépourvu et surtout son histoire. C'est pourquoi la présente recherche s'intéresse à la gestion des bâtiments coloniaux d'Athiémé, un patrimoine culturel oublié.

1.2.2. Justification du milieu de de recherche

Athiémé est une cité qui possède un patrimoine historique, culturel et des ressources touristiques. Elle dispose également des empreintes de l'architecture brésilienne, des constructions datant de l'époque de la colonisation (Marché, Eglise, Maison, Prison, …). Ces richesses dont dispose cette ville offre aujourd'hui un spectacle désolant vu leurs états dégradés, abandonné. C'est ce qui fonde l'intérêt absolu de cette recherche.

1.3. Clarification conceptuelle

Un concept placé dans un contexte à un sens et dans un autre contexte donne un autre sens. A cet effet, E. Durkheim (1937) affirme que, « la première démarche du sociologue doit-être de définir les choses dont il traite, afin que l'on sache et qu'il sache bien de quoi il est question » pour éviter les confusions. C'est dans cette perspective que les concepts : gestion, bâtiments, bâtiments coloniaux, ont été clarifiés.

> **Gestion :**

D'après le dictionnaire Larousse, (2010), la gestion est l'action ou la manière de gérer, d'administrer, de diriger, d'organiser quelque chose, ou encore la période pendant laquelle quelqu'un gère une affaire. Si on considère que gérer ou manager sont synonymes, on peut d'abord se référer à H. Fayol (1916) pour laquelle 'administrer' (gérer) c'est prévoir, organiser, commander, coordonner, contrôler. Cette fonction consisterait donc surtout à piloter une entreprise. Pour l'auteur contemporain H. Mintzberg (1973), un manager ou gestionnaire remplit trois rôles complémentaires et interdépendants : un rôle interpersonnel, un rôle informationnel et un rôle décisionnel. Ce dernier rôle nous rappelle une conception très traditionnelle de l'activité de gestion qui serait d'abord l'art de la décision. A. Desreumaux, quant à lui, considère la gestion comme un « ensemble de savoirs théoriques et opératoires » (1992), tandis que pour P. Lassegue, elle est « l'application des sciences à la conduite des organisations, le fait pour la conduite des organisations de recourir aux sciences » (2003). Du point de vue sociologique, A. Touraine (1965) replace d'emblée la gestion dans le cadre d'une compréhension des transformations des rapports de pouvoir dans les organisations marchandes. La gestion dépasse alors les seules techniques d'organisation pour accéder au rang de technique de pouvoir. T. Tshikuna (2007) estime que la gestion, c'est le fait de piloter un processus, prendre un problème à l'état ou il se trouve pour le conduire au seuil de la décision ; autrement dit, ce serait, organiser des décisions en intégrant toutes les données et paramètres à la qualité de cette décision.

La définition ici retenue pour cette recherche est celui de T. Tshikuna (2007) qui estime que la gestion, c'est le fait de piloter un processus, prendre un problème à l'état ou il se trouve pour le conduire au seuil de la décision ; autrement dit, ce serait, organiser des décisions en intégrant toutes les données et paramètres à la qualité de cette décision.

> ➤ **Développement**

Avant de définir le concept du développement local, il est important de commencer par la définition du concept « développement » au sens net du terme, ainsi le terme « local ».

Le développement est un mouvement cultuel, économique et social, qui tend à améliorer le bien-être d'une société il doit commencer au niveau local et se propager à des niveaux supérieurs. Selon l'Organisation de Coopération et de Développement Économique (OCDE), le développement est : « l'environnement immédiat dans lequel la plupart des entreprises se créent et se développent, trouvent des services et des ressources, dont dépend leur dynamisme et dans lequel elles se raccordent à des réseaux d'échanges d'information et de relations technique ou commerciales. Le développement local, c'est-à-dire une communauté d'acteurs publics privés offre un potentiel de ressources humaines, financières et physiques, d'infrastructures éducatives et institutionnelles dont la mobilisation et la valorisation engendrent des idées et des projets de développement » (2004).

Le développement est « la combinaison des changements mentaux et sociaux d'une population qui la rendent apte à faire croitre cumulativement et durablement son produit » (G. Bertin et Y. Laulan, 2003).

Toujours selon (T. Kahina, 2012), le développement peut être définit comme « état et processus par exemple comme processus d'interaction entre des données structurelles, comme les procédures économiques, les facteurs relevant de l'innovation et ceux liés à la créativité individuelle et collective ».

➢ Développement local

Le développement local, selon Bernard Pecqueur, c'est à la fois, l'ensemble des Politiques publiques (aides aux entreprises, réseaux de transport, télécommunication,), décisions stratégiques des entreprises, … et la mise en réseaux des acteurs locaux pour plus de synergies positives à l'échelle local mais en harmonie avec le territoire globale. En plus : Société Publique Locale (SPL), acteurs locaux, gouvernance locale, décentralisation, relation entre le local et le globale (1989).

« Le développement local (DL) est un processus de diversification et d'enrichissement des activités économique et sociales sur un territoire à partir de la mobilisation et de la coordination de ses ressources et ses énergies. Il sera le produit des efforts de la population, il mettre en cause l'existence d'un Projet de développement intégrant ses composantes économique, sociales et culturelles, il fera d'un espace de contiguïté un espace de solidarité active » (X. Greffe, 1984).

« Le développement local se caractérise par la mise en œuvre le plus souvent mais pas exclusivement, dans un cadre de coopération intercommunale, d'un projet global associant les aspects économiques, sociaux et culturels du processus de développement. Généralement initié par des élus locaux, un processus de développement local s'élabore à partir d'une concertation large de l'ensemble des citoyens et des partenaires concernés et trouve sa traduction dans une maitrise d'ouvrage commune » (A. Dameron, 2017).

➢ Patrimoine :

Le mot patrimoine vient du latin « patrimonium » qui signifie littéralement « l'héritage du père ». A l'origine, il désigne l'héritage que l'on tient de son père et que l'on transmet à ses enfants. Il a alors un sens de bien individuel. Dans le droit romain, il désignait l'ensemble des biens recueillis par succession (A. Desvallees et F. Mairesse, 2010). Le patrimoine est un ensemble existant, souvent en grande partie ou en totalité hérité du passé, constitué de biens matériels et/ou immatériels, propriété privée ou bien commun, que l'on peut vouloir conserver, vendre, échanger, valoriser ou maintenir pour les générations futures.

Ainsi, le concept de patrimoine est attendu comme un héritage légué par une personnalité à ses descendants. Allant dans le même sens, M. Vernieres (2015) le défini comme « un ensemble de biens, matériels ou immatériels, dont l'une des caractéristiques est de permettre d'établir un lien entre les générations, tant passées qu'à venir. Il est donc issu d'un héritage, produit de l'histoire, plus ou moins ancienne, d'un territoire ou d'un groupe social.

Parlant de biens, J. Hansenne (1996) l'a défini comme une « valeur économique », donc patrimoniale. Ces valeurs sont d'ordres matériels et immatériels.

Le patrimoine est donc un ensemble de biens matériels ou immatériels ayant un caractère historique ou naturel. Dans le cas de notre recherche, nous allons nous appesanti sur le patrimoine culturel matériel uniquement.

La définition retenue pour notre recherche et celle de M. Vernieres (2015) qui stipule que le patrimoine est un ensemble de biens, matériels ou immatériels, dont l'une des caractéristiques est de permettre d'établir un lien entre les générations, tant passées qu'à venir. Il est donc issu d'un héritage, produit de l'histoire, plus ou moins ancienne, d'un territoire ou d'un groupe social.

> **Patrimoine culturel :**

Le patrimoine culturel est l'ensemble des constructions humaines qui ont une grande valeur parce qu'elles caractérisent une époque, une civilisation ou un événement et que, à cause de cette valeur, nous voulons transmettre aux générations futures. Le patrimoine culturel est toute création architecturale isolée ou groupée qui porte témoignage d'une civilisation particulière, d'une évolution significative ou d'un évènement (Charte de Venise, 1964). La notion de « patrimoine culturel » recouvre ici l'ensemble des immeubles anciens à usage d'habitation ainsi que des édifices publics, caractérisés par une architecture modeste mais constitutifs dans leur ordonnancement d'une forte valeur esthétique, historique et patrimoniale (V. Farges, 2016). Ce patrimoine comprend donc les immeubles séculaires abritant des logements, ainsi que les constructions publiques non protégées au titre des monuments historiques (fontaines lavoir puits, églises, petits ornements religieux, moulins, tours, portes). Dans ce mémoire, sont des patrimoines bâtis les constructions datant de l'époque de la colonisation de la Commune d'Athiémé.

Ici, pour notre recherche, le patrimoine culturel sous-entend l'ensemble des immeubles séculaires abritant des logements, ainsi que les constructions publiques non protégées au titre des monuments historiques (fontaines lavoir puits, églises, petits ornements religieux, moulins, tours, portes) (V. Farges, 2016).

> **Valorisation** :

La valorisation est définie par le Larousse comme étant une action qui donne de la valeur, plus de valeur à quelque chose ou à quelqu'un, le fait d'être valorisé.

Le concept de Valorisation est polysémique et neutre. La notion de valorisation évolue dans des domaines assez différents, comme celui du développement durable (valorisation des déchets), le domaine fiscal (valorisation des actifs immatériels), le domaine culturel (valorisation du patrimoine), le domaine scientifique (valorisation des résultats de la recherche), ou encore dans la sphère psychanalytique et philosophe (A. Robin, 2017). Dans le domaine culturel, elle consiste à faire connaitre et à mettre un patrimoine local (architectural, artistique, naturel…) en valeur afin de favoriser l'attractivité du territoire. Le but est ainsi d'augmenter les flux touristiques et de jouer le rôle de levier de développement. Enjeu social et culturel, la valorisation, mais aussi la protection et la gestion du patrimoine constituent également des atouts majeurs pour l'identité et la cohésion ainsi que pour l'équilibre économique. À travers des actions de diffusion et de promotion, cette valorisation permet de rendre accessibles les richesses du patrimoine culturel, ou artistique, à un large public. Cette mise en valeur repose notamment sur l'accueil, l'encadrement et l'animation réalisés par les divers agents du secteur. Cette valorisation se traduit également par l'organisation d'évènements en lien avec le patrimoine, mais aussi par le développement de l'éducation artistique et culturelle (IESA, 2017).

La valorisation d'un bâtiment désigne l'action de mettre en valeur ce bien, soit par une action concourant à son embellissement, soit en améliorant sa fonction urbaine. Il ne s'agit donc pas d'une valorisation financière du bien. Cette plus-value apportée à l'édifice relève donc de l'esthétique ou d'un usage nouveau conférant à celui-ci une place plus digne dans l'animation de la Commune. Dans ce mémoire la valorisation se traduira donc par des travaux de mise en valeur, restauration, réhabilitation, rénovation et de préservation.

La définition retenue pour le compte de cette recherche, est celle qui dit que la valorisation consiste à faire connaitre et à mettre un patrimoine local (architectural, artistique, naturel…) en valeur afin de favoriser l'attractivité du territoire. Le but est ainsi d'augmenter les flux touristiques et de jouer le rôle de levier de développement.

➤ Politique culturelle

Politique publique en matière de culture au sens large. En France pour Vincent Dubois, la politique culturelle devient une catégorie légitime de l'intervention publique à partir de la création du ministère des affaires culturelles en 1959. C'est ce qu'il nomme le « grand retournement ». En effet, depuis la fin du XIXème siècle, l'État se contente de la préservation du patrimoine et les villes financent les bibliothèques, musées et théâtres. A. Malraux crée par exemple en 1961 les maisons de la culture et promeut une politique de démocratisation culturelle. Le ministère dès le décret de 1959 a pour mission de : « rendre accessibles les œuvres capitales de l'humanité, et d'abord de la France, au plus grand nombre possible de Français, d'assurer la plus vaste audience à notre patrimoine culturel et de favoriser la création de l'art et de l'esprit qui l'enrichissent ». Cette volonté d'augmenter l'accès à la culture légitime (les arts et les lettres) est critiquée notamment par Pierre Bourdieu qui montre qu'il existe des fondements sociaux au jugement esthétique. À partir de 1981 la politique culturelle s'élargit à d'autres domaines : les pratiques culturelles amateurs, le financement de la création (à travers le centre national du cinéma par exemple), la défense de l'exception culturelle française. De larges critiques ont été faites sur ce relativisme culturel ou le tout culturel. De plus, Olivier Donna a montré un effet faible de ces politiques sur l'accès à la culture pour le plus grand nombre : les inégalités de pratiques culturelles demeurent. Aujourd'hui, la politique culturelle vient pour l'essentiel des Communes qui ont pour objectif le développement des territoires (attractivité) et la cohésion sociale (lutte contre la ségrégation urbaine et sociale). Pour Jean-Pierre Saez, les questions posées par la politique culturelle aujourd'hui sont liées à l'éducation artistique et culturelle, à une politique de développement et de diversification des publics, et au développement d'un service public de culture à domicile lié à l'équipement des ménages et à l'accès au numérique. Il s'agirait de passer d'une politique culturelle de l'offre à une politique centrée sur la demande. Selon R. Keller (2010), la politique culturelle englobe toutes les activités des autorités pour soutenir l'art, la religion, la formation et la science, les médias ainsi que les loisirs. Elle a pour fonction principale l'énonciation de règles, par exemple pour les droits d'auteur (propriété intellectuelle) et la protection des biens culturels, mais aussi la promotion (création artistique).

Pour le compte de notre recherche, nous choisissons la définition de R. Keller qui stipule que la politique culturelle est l'ensemble des activités des autorités pour soutenir l'art, la religion, la formation et la science, les médias ainsi que les loisirs (2010).

1.4. Revue de littérature

La revue de littérature vise recenser les différentes recherches et analyses tant au Bénin que dans d'autres pays sur la question de gestion du patrimoine culturel et son rôle dans le développement. Cette partie consiste à rendre compte ouvrages, articles ou tout document ayant retenu notre attention sur le sujet.

Traditionnellement, les défis associés au patrimoine sont ceux de sa sauvegarde et de sa protection. Et il semble que ce soit aujourd'hui plus vrai que jamais alors que le patrimoine semble revenir la mode, précisément autour de sujets de restauration (M. Gautrand, 2020). Pour cerner les enjeux de gestion, il s'avère important de comprendre ce que c'est que le patrimoine. Ainsi, le terme de patrimoine, renvoie à l'origine à ce « bien d'héritage » qui descend suivant les lois des pères et des mères aux enfants écrit Emile Littré dans son dictionnaire le littré paru au XIX siècle. Selon le petit Larousse, le patrimoine est un bien, héritage commun d'une collectivité, d'un groupe humain.

L'encyclopédie wikipédia explique que "Le patrimoine est étymologiquement défini comme l'ensemble des biens hérités du père (de la famille par extension). Du « patrimonium », signifie héritage du père en latin. Le patrimoine fait, donc, appel, à l'idée d'un héritage légué par les générations qui nous ont précédé, et que nous devons transmettre intact aux générations futures, ainsi qu'à la nécessité de constituer le patrimoine de demain ».

Pour A. Chastel et J. Babelon (2004), « le patrimoine se reconnait au fait que sa perte constitue un sacrifice et que sa conservation suppose des sacrifices ».

L'historien français A. Dopront affirme alors que le patrimoine contribue à ce façonnement humain de l'historique (1968). Il est de ce fait au cœur de de la construction de l'identité culturelle. Le patrimoine est un vecteur de mémoire et d'identité, un marqueur symbolique de l'identité (P. Chaudoir, 2020).

Pour d'autres, le patrimoine est un bien, l'héritage commun d'une collectivité, d'un groupe humain. Il désigne un fonds destiné à la jouissance d'une communauté élargie aux dimensions planétaires et constitué par l'accumulation continue d'une diversité d'objets que rassemble leur Commune appartenance au passé, œuvres et chefs-d'œuvre des beaux- arts et des arts appliqués, travaux et produits de tous les savoirs et savoir- faire des humains (F. Choay, 1992).

La notion de patrimoine a évolué au cours des siècles, elle fut marquée par trois grands moments, à savoir : la révolution française, le moment Guizot et l'époque contemporaine (J. Demeure, 2012).

Le patrimoine englobe toutes les formes artistiques : une photo, un film, un morceau de musique, une comptine. Il est partout et tout peut être objet de patrimoine. On peut distinguer trois catégories de patrimoine qui se subdivisent chacune en différentes branches : Patrimoine physique ou matériel, Patrimoine non physique, immatériel, encore appelé patrimoine ethnologique et Patrimoine naturel (J. Demeure 2012).

Le patrimoine dit « matériel » est surtout constitué des paysages construits, de l'architecture et de l'urbanisme, des sites archéologiques et géologiques, de certains aménagements de l'espace agricole ou forestier, d'objets d'art et mobilier, du patrimoine industriel (outils, instruments, machines, bâti, etc.).

Quant au patrimoine culturel immatériel, la convention pour la sauvegarde du patrimoine culturel immatériel de la Conférence de l'UNESCO réunie à Paris du vingt-neuf septembre au dix-sept octobre 2003 en sa 32e session le définie en son article 2 le comme l'ensemble les pratiques, représentations, expressions, connaissances et savoir-faire ainsi que les instruments, objets, artefacts et espaces culturels qui leur sont associés-que les communautés, les groupes et, le cas échéant, les individus reconnaissent comme faisant partie de leur patrimoine culturel (UNESCO, 2003).

Le patrimoine naturel désigne les spécificités naturelles, les formations géologiques ou de géographie physique et les zones définies qui constituent l'habitat d'espèces animales et végétales menacées, ainsi que les sites naturels qui présentent un intérêt sur le plan scientifique, dans le cadre de la conservation ou en termes de beauté naturelle. Il comprend les aires naturelles protégées privées et publiques, les zoos, les aquariums et les jardins botaniques, les habitats naturels, les écosystèmes marins, les sanctuaires, les réserves (UNESCO, 1972).

Que le patrimoine soit matériel, immatériel ou encore naturel, sa bonne gestion s'avère important vu les rôles qu'il a dans le développement humain, sur l'évolution de la population, son niveau d'éducation, de formation, son état de santé et sur l'économie. Evoquant l'économie, le patrimoine culturel d'un peuple peut faire objet du tourisme selon F. Frangialli (1999). C'est une forme de loisir dont le contenu économique est le plus évident puisqu'il implique une dépense de transport et d'hébergement (J. Gbemetonou, 2016). Il participe de ce fait à l'accroissement du Produit Intérieur Brut (PIB) du pays.

La notion de patrimoine a connu au cours des dernières années une évolution, importante qui le place dorénavant au cœur des enjeux de société en tant qu'héritage collectif alimentant la mémoire identitaire (E. Morin, 2016). Il participe au renforcement du lien social qui existe entre les Hommes, constitue leurs repères dans le temps et dans l'espace, leurs identités. Ce serait donc à la fois parce qu'il est source d'identité et de diversité, créateur de lieux et de territoires, de repères spatio-temporels solides et tangibles dans un monde mobile, changeant et unificateur, uniformisateur même, que le patrimoine constituerait, de nos jours, un besoin social particulièrement essentiel. À ce compte, il devient aussi un enjeu économique, idéologique et politique (G. Dimeo, 2005). Ainsi, J. Bertrand dans son article intitulé Le patrimoine, son importance socio-économique souligne que « le volume d'emploi créé par l'existence d'un patrimoine est un indicateur clé des études d'impact de ce dernier sur l'économie territoriale » (J. Bertrand, 2016). Le patrimoine est d'une grande importance dans le développement social et économique. A cet effet, la réunion sur le patrimoine africain qui s'est tenue à Asmara (Érythrée) en 2004 a permis de comprendre qu'il est nécessaire de faire une sélection du patrimoine colonial dans le continent. Cette sélection pourrait être basée sur le fait ou non que ce patrimoine ait pu contribuer au renforcement de l'identité africaine, ou sur la base qu'il s'agit témoignage d'une période significative de l'histoire de l'Afrique pendant la colonisation (B. Rakotomamonjy et I. Odiaua, 2009).

Aujourd'hui, le patrimoine n'a plus de limites temporelles et rien n'est plus indigne d'entrer dans le champ du patrimoine. En 1972, l'UNESCO signe une convention pour la protection du patrimoine mondial. Cette nouvelle extension du terme implique alors l'idée d'un héritage commun à l'humanité entière. On tend donc de plus en plus vers une notion très vaste qui englobe différents domaines comme l'architecture.

Le patrimoine culturel est toute création architecturale isolée ou groupée qui porte témoignage d'une civilisation particulière, d'une évolution significative ou d'un évènement (Charte de Venise, 1964). Selon la convention de Grenade en 1985, pour la sauvegarde du patrimoine culturel de l'Europe : « le patrimoine culturel constitue une expression irremplaçable de la richesse et de la diversité du patrimoine culturel de l'Europe, un témoin inestimable du passé et un bien commun à tous les européens ». Il fait partie du patrimoine culturel d'un établissement humain, car par ce dernier, on entend les monuments historiques et les sites, les musées, les bibliothèques, l'archéologie, les spectacles vivants (festivals, etc.) et audiovisuels, les œuvres d'art contemporaine. Il constitue une expression irremplaçable de la richesse et de la diversité du patrimoine culturel de l'humanité, un témoin inestimable de notre passé et un bien commun à tout le monde. L'expression "patrimoine culturel " est considérée aussi comme comprenant les biens immeubles comme les monuments, les ensembles architecturaux et les sites.

Les monuments sont toutes réalisations particulièrement remarquables en raison de leur intérêt historique, archéologique, artistique, scientifique, social ou technique, y compris les installations ou les éléments décoratifs faisant partie intégrante de ces réalisations. Quant aux ensembles architecturaux, ils sont des groupements homogènes de constructions urbaines ou rurales remarquables par leur intérêt historique, archéologique, artistique, scientifique, social ou technique et suffisamment cohérents pour faire l'objet d'une délimitation topographique et les sites quant à eux sont œuvres combinées de l'homme et de la nature, partiellement construites et constituant des espaces suffisamment caractéristiques et homogènes pour faire l'objet d'une délimitation topographique, remarquables par leur intérêt historique, archéologique, artistique, scientifique, social ou technique.

Pour des intérêts touristiques, archéologique, artistiques, le patrimoine culturel fait appel à sa préservation. Dans la langue française la préservation veut dire assurer la protection ou la conservation de (quelque chose), le défendre, ou le sauvegarder (D. Encarta, 2010). « Le premier sentiment de l'homme fut celui de son existence, le second celui de sa conservation », (Jean-Jacques Rousseau (1712-1778). Il est certain que les plus anciens témoignages que nous a laissés l'humanité attestent le soin déployé de tout temps par l'homme pour préserver ses objets et ses outils.

En architecture on entend par « préservation », toutes les opérations indispensables à la survie d'une œuvre (élimination des causes et des produits d'altération, renforcement, consolidation des supports, refixages des couches picturales, protections préventives). Par « restauration », on désigne les opérations complémentaires touchant à l'aspect de l'objet (réintégration des lacunes, retouches, restitutions... qui semblent servir à redonner son sens à l'objet, à améliorer sa valeur esthétique). Dans la pratique actuelle, attentive à l'état initial de l'œuvre, conservation et restauration sont des opérations axées l'une sur la recherche, l'autre sur la mise en valeur des matières originales.

La préservation se révèle donc un facteur essentiel de l'évolution et du progrès. Dès les origines, le sentiment d'un au-delà, sorte de prolongement de la vie terrestre, poussa l'homme à préserver les objets qu'il avait créés, en raison de la nécessité qu'il y avait à pourvoir le défunt d'objets et d'aliments propres à entretenir la vie.

L'idée de préservation s'est attachée aussi à tout ce qui concernait le divin. C'est ainsi que chez les Égyptiens les temples étaient construits en pierre, tandis que les demeures profanes, celles même des souverains, étaient édifiées en matériaux périssables. Il en fut ainsi jusqu'à l'époque hellénistique, les Grecs habitant en effet des maisons très pauvres à côté de temples somptueux. « La conservation et la restauration des monuments visent à sauvegarder tout autant l'œuvre d'art que le témoin d'histoire » (Charte de Venise 1964).

Et, quand on définit le patrimoine culturel, par des monuments et des ensembles historiques, (G.H. Bailly, 1975). Il est nécessaire de donner le sens de ces deux termes pour comprendre les problèmes posés et les mieux cerner.

En effet, du latin ''monumentum'', de ''monere'' (avertir, rappeler) : ce qui interpelle la mémoire. Un monument est un artefact élaboré par une communauté pour se remémorer ou remémorer à d'autres générations des personnes, évènements, rites ou croyances. Fait vibrer le passé de manière à maintenir des valeurs communautaires. Rassure en conjurant le temps. (F. Choay, 1988). Selon la charte de Venise (1964), la notion de monument historique s'agit de « toute création architecturale, isolée ou groupée, qui porte témoignage d'une civilisation particulière, d'une évolution significative ou d'un évènement historique ». Il est intéressant de relever les idées nouvelles incluses dans cette large définition. Toute création : c'est-à-dire « les grandes œuvres » que les « œuvres modeste » donc, un monument non seulement pour des critères esthétiques, mais aussi pour ceux qui lui confèrent toute sa signification culturelle. Ces monuments dans l'ensemble, sont représentés par les valeurs culturelles et artistiques ; les attraits touristiques donc valeur économique et les éléments de cadre de vie.

Les valeurs culturelles et artistiques regroupent un support de grands faits historiques, devenus les symboles d'une culture, d'une civilisation... Quant aux attraits touristiques, valeur économique, le tourisme privilégié les nations dont l'héritage culturel constitue le principal élément d'attraction et les éléments du cadre de vie sont les témoignages culturels et effectifs aussi puissants les monuments s'imposent comme des éléments primordiaux de notre cadre de vie.

Compte tenu de ces valeurs du patrimoine sa préservation, sa conservation et sa restauration sont les meilleures solutions pour faire face à la perte de ces reliques du passé.

A la fin du XIXe siècle la réflexion critique sur la conservation et la restauration des monuments historiques par C. Boito (1835-1914), est une démarche mieux informée grâce aux progrès de l'archéologie et de l'histoire de l'art, ingénieur, architecte et historien de l'art. La synthèse de Ruskin et Viollet-le-Duc énonce des directives pour la conservation et la restauration des monuments historiques lors de congrès d'ingénieurs fin de XIXe siècle, intégrés à la loi italienne de 1909, « *Conservare o restauraure* » *in Questioni pratiche di belli arti*, (1893) ». Hérite de Ruskin pour la notion d'authenticité, et des différentes additions qu'ont subies les édifices anciens, contre la reconstitution des parties manquantes à l'aide d'une typologie qui méconnaît le caractère singulier d'un monument.

Quant aux « ensembles historiques », il groupement de constructions et d'espaces y compris les sites archéologiques constituant un établissement humain en milieu urbain comme en milieu rural, dont la cohésion et la valeur sont reconnues du point de vue archéologique, architectural, historique, préhistorique, esthétique ou socioculturel, «...tout groupe de constructions qui, par son homogénéité et son intérêt historique, archéologique, artistique ou pittoresque, présente les caractéristiques nécessaires pour justifier sa préservation et sa mise en valeur. » (F. Sorlin, 1968). La notion d'ensemble se dégage donc comme un élément primordial, il s'agit d'un tout, constitué d'une somme d'éléments divers, d'une globalité qui existe et qui est à préserver. Un élément peut avoir une valeur en soi, mais ce qui lui confère sa signification la plus large et la plus dense, c'est son appartenance à l'ensemble.

Parmi ces « ensembles » qui sont d'une très grande variété, on peut distinguer notamment les sites préhistoriques, les villes historiques, les quartiers urbains anciens, ainsi que les ensembles monumentaux homogènes, étant entendu que ces derniers devront le plus souvent être conservés dans leur intégrité. (UNESCO, 1976).

Selon G. H. Bailly (1975) : « les différents types des ensembles historiques sont : l'ensemble fortifié…, l'ensemble à caractère religieux…, l'ensemble monumental ordonné…, l'ensemble rural…, le village…, et l'ensemble industriel ou minier… ». La préservation des ensembles historiques a été le sujet de la charte de Washington adoptée par l'assemblée générale d'ICOMOS octobre 1987, cette charte à travers ses articles, précise que la préservation des villes et quartiers historiques doit, pour être efficace, faire partie intégrante d'une politique cohérente de développement économique et social et être prise en compte dans les plans d'aménagement et d'urbanisme à tous les niveaux. Les valeurs à préserver sont le caractère historique de la ville et l'ensemble des éléments matériels et spirituels qui en expriment l'image, en particulier.

De cette revue, il ressort que la préservation des ensembles historiques nécessite l'élaboration d'un Plan de Sauvegarde et de Mise en Valeur (PSMV) « C'est un document d'urbanisme qui garantit la cohérence et la qualité des actions opérationnelles menées à l'intérieur de son périmètre. Il comporte aussi l'indication des immeubles et ensembles qui ne doivent pas faire l'objet de démolition, de modification ou d'aliénation. Prévoit également les travaux à envisager pour la mise en valeur de certains quartiers » (P. Boury, 1980). Ce plan de préservation interdit même aux propriétaires des immeubles ou constructions préservées de les modifier ou restaurer sans avoir déjà eu la permission des autorités compétentes. Assez d'études, de conventions, de séminaires et de sensibilisations ont été consacrés à la valorisation du patrimoine culturel mais l'état actuel de la connaissance qui est faite du patrimoine culturel permet de constater que dans la ville d'Athiémé, aucune recherche n'a pris en compte de façon spécifique la valorisation du patrimoine culturel. Cette pour cette raison nous avons jugé important de mener une recherche visant à analyser les facteurs concourant à l'abandon du patrimoine culturel à Athiémé.

1.5. Modèle d'analyse

La théorie qui servira de modèle d'analyse dans le cadre de cette recherche est le fonctionnalisme. Crée en 1930 par Bronislaw Malinowski, elle postule que « dans tous les types de civilisation, chaque coutume, chaque objet matériel, chaque idée et chaque croyance remplit une fonction vitale, a une tâche à accomplir, représente une partie indispensable d'une totalité ». Il a été longtemps, le modèle dominant dans la sociologie américaine. Cette approche conçoit la société comme un être vivant, dont chaque organe doit remplir sa fonction par rapport au tout organique (J. G. Bachmann et J. Simonin, 1981 ; N. Herpin, 1973). C'est-à-dire qu'elle est une doctrine qui considère qu'une société est un tour ou un ensemble dont les différentes catégories économiques, culturelles, s'expliquent par les fonctions qu'elles ont les unes par rapport aux autres. La dégénérescence de certains rôles conduit à une mobilité descendante, s'accompagnant d'une perte correspondante de pouvoir, de sorte que le potentiel d'adaptation des individus et des groupes ainsi touchés est gravement compromis. Ainsi, le dysfonctionnement dans les institutions de gestion des patrimoines culturels provoque l'abandon de ces derniers ce qui porte un coup fatal à tout le système que ça soit économiquement comme socialement. Ce dysfonctionnement implique une logique fonctionnaliste cherchant à mettre en lumière les fondements sociologiques du mécanisme de fonctionnement des institutions de gestion des patrimoines culturel. Dans la même perspective nous allons montrer en quoi les différentes modes de gestion du patrimoine bâtis sont source de richesse économique, sociale et culturelle. Ce modèle nous a permettra de déterminer les organes compétents, leurs fonctions manifestes, implicites et les alternatives fonctionnelles dans la gestion des patrimoines culturels à Athiémé.

CHAPITRE 2 : CADRE METHODOLOGIQUE ET PRESENTATION DU CADRE PHYSIQUE DE LA RECHERCHE

Ce chapitre donne des précisions sur les méthodes et techniques utilisées pour la collecte des données de terrain et la production des résultats ainsi que le milieu de concerné par la recherche.

2.1. Cadre méthodologique

Il est présenté dans le cadre méthodologique, la nature de la recherche, l'échantillonnage, les techniques de collecte de données, les techniques de traitement et d'analyse des données, l'éthique du terrain et les difficultés rencontrés.

2.1.1. Nature de la recherche

La présente recherche relève d'une nature qualitative. Elle sera réalisée à l'aide de la méthode qualitative. Cette recherche se charge de comprendre l'abandon du patrimoine culturel de la Commune d'Athiémé compte tenu de son état dégradé et oublié afin de voir dans quelle mesure proposer des solutions pour hisser ce dernier au rang des grands patrimoines.

L'approche qualitative a permis de décrire l'état actuel du patrimoine culturel et les facteurs explicatifs de l'abandon de ce patrimoine sur la base des entretiens réalisés auprès des acteurs. Cette approche a permis de procéder à une analyse approfondie de contenus des discours, ayant abouti à des verbatims présentés dans cette recherche.

2.1.2. Echantillonnage et groupe cible

Ce volet renferme, les groupes cibles de cette recherche, les techniques d'échantillonnage et la taille de l'échantillon de la recherche.

2.1.2.1. Echantillonnage

L'échantillonnage (ou sampling en anglais) est le processus de sélection d'un groupe d'individus qui va être interrogé dans le cadre d'une étude et qui symbolise une population de référence. Il permet de mener des enquêtes à grand échelle en utilisant un échantillon de la population pour remplacer l'ensemble et ainsi mener le sondage de manière réaliste, de cibler l'échantillon représentatif d'une population sur laquelle nous voulons effectuer une recherche. Elle permet de recueillir des données ou informations précises sur les cibles. N'ayant pas la capacité d'interroger toutes les personnes concernées par notre recherche, un échantillon représentatif nous sera d'une grande aide.

La technique d'échantillonnage utilisées dans le cadre de cette recherche est non probabiliste qui appel à l'échantillon par choix raisonné. Les acteurs concernés par cette recherche ont été ciblé sur la base de leur connaissance des aspects abordés et de leur expérience.

2.1.2.2. Groupes cibles

Dans le cadre de notre recherche, notre groupe cible sera constitué de trois (03) catégories d'acteurs à savoir :
- autorités locales ;
- personnes ressources
- populations.

Le choix des autorités locales s'explique par le fait qu'ils sont les chefs, les responsables des chargés de veiller à l'entretien et à la préservation de l'héritage colonial. Ils sont les mieux placés pour nous renseigner le patrimoine de leur ville. Quant aux personnes ressources, ils nous offriront l'histoire des bâtiments coloniaux, des familles propriétaire et voir avec ces derniers les modalités d'une rétrocession de ces biens dans le giron de la Commune pour une bonne gestion de ces biens. Enfin, le choix de la population active résulte de la capacité de ces derniers à être contacte directe avec les sites concernés par notre recherche. Connaitre leur opinion vis-à-vis de la gestion de ces bâtiments est un atout important pour la collecte.

2.1.2.3.   Taille de l'échantillon

La sociologie est une science empirique et, à ce titre, elle doit étudier des phénomènes sociaux réels. Mais, ne pouvant pas saisir toutes les situations sociales, tous les comportements de tous les individus, elle construit ses analyses sur des observations, des mesures ou des questionnements auprès d'un « morceau », une « parcelle » de la réalité. Cette « parcelle » constitue l'échantillon étudié (O. Martin, 2017).

Tableau 1 : Statistique des informateurs

Groupes cibles	Outils de collecte	Echantillons	Pourcentage (%)
Autorités locales	Guide d'entretien	5	25%
Personnes ressources	Guide d'entretien	7	35%
Population active	Guide d'entretien	8	40%
Total		20	100%

Source : Données de terrain, avril 2023.

2.1.3. Techniques et outils de collecte des données

La recherche documentaire, l'entretien, l'observation et le questionnaire d'enquête sont les principales techniques de collecte de données utilisés avec leurs outils respectifs

2.1.3.1. Techniques de collecte de données

2.1.3.1.1. Recherche documentaire

Toute recherche scientifique s'inscrit dans une continuité car, elle fait déjà l'objet de plusieurs écrits et courants (F. Gildas, 2022). La recherche documentaire est une étape importante dans le traitement d'un sujet. Considérée comme technique de collecte de données, elle a permis de disposer d'informations nécessaires à propos des patrimoines culturels oubliés et comment procéder à leur sauvegarde et leur mise en valeur. La lecture des documents concernant notre recherche sur différents sites Internet et centres de lecture (Bibliothèque), nous a permis de rédiger la revue de littérature, de faire la monographie et surtout de bien spécifier le sujet. Ainsi, dans le cadre de notre recherche, les centres de documentations qui seront visités et la nature des documents qui seront lus se présentent comme suit.

Tableau II : Tableau résumant la recherche documentaire

Centre de documentation	Nature du document	Type d'information
Mairie d'Athiémé	PDC	Informations générales sur les activités liées aux bâtiments coloniaux de la Commune et à la ville d'Athiémé.
Internet	Mémoires, thèses, articles, archives, Rapports d'études.	Informations générales sur les patrimoines en ruine.
DS-A	Mémoires	Informations générales spécialisées
Bibliothèque Bénin Excellence de Zogbadjè, Bibliothèque centrale de l'UAC	Dictionnaire sociologique, lexique sociologique	Informations générales et à caractère méthodologique
Site de l'INSAE	Livres, cahier du village et rapports	Informations sur les données de recensement de la population

Source : Données de terrain, avril 2023.

2.1.3.1.2. Entretien

L'entretien est une technique de recherche et d'investigation appropriée à des recherches de type qualitatif. Elle a pour fonction de recueillir des données et de mettre à jour certains indicateurs qui permettront de vérifier ou non les hypothèses.

Par le biais de cette technique, l'enquêteur cherche à obtenir des informations sur les attitudes, les comportements, les représentations d'un ou de plusieurs individus dans la société. A propos de cette technique R. Quivy et C. L. Van, signalent qu'elle permet « *l'analyse du sens que les acteurs donnent à leurs pratiques et aux événements auxquels ils sont confrontés : leurs systèmes de valeurs, leurs repères normatifs, leurs interprétations de situations conflictuelles ou non, leurs lectures de leurs propres expériences* » (2011).

L'entretien a pour outil d'investigation le guide d'entretien que nous allons administrer aux élus locaux, aux commerçants, aux artisans, aux ménagers et aux autorités locales de la Commune d'Athiémé ainsi qu'un questionnaire afin de comprendre comment se fait la gestion des vestiges de la colonisation.

2.1.3.1.3. Observation

L'observation est une technique fréquemment utilisée pour mener une étude qualitative. Cette technique repose sur la capacité de l'enquêteur de se focaliser sur le comportement d'une personne, plutôt que sur ses déclarations. Vous observez simplement ce que les gens font et ce qu'ils disent, sans intervenir.

La technique de l'observation permet d'expliquer un phénomène à travers la description de comportements, de situations et de faits. Pour y parvenir scientifiquement, la description de l'observation doit être fidèle à la situation réelle et il est important de faire des rapports systématiques. On distingue d'une manière générale deux formes d'observation : l'observation externe ou indirecte et l'observation interne ou directe. Les données sont collectées à l'aide des grilles d'observation auprès des populations concernées. Elle a permis à cet effet, de mieux effectuer l'opération de triangulation en rapport avec les données retenues à partir des sources orales et écrites.

2.1.3.2. Outils de collecte des données

Les outils de collecte utilisés dans le cadre de la présente recherche, sont élaborés en fonction des techniques retenues et qui ont été précédemment citées dans le point précédent : il s'agit de la fiche de lecture, de guide d'entretien, du questionnaire et de la grille d'observation.

2.1.3.2.1. Fiche de lecture

La fiche de lecture est un outil de collecte élaboré sur un support et qui permet de faire la synthèse des lectures effectuées relativement au sujet traité et abordant les différentes thématiques liées au sujet.

2.1.3.2.2. Guide d'entretien

Le guide d'entretien est un support (document) de base pour l'entretien. En effet, comme son nom l'indique, on ne saurait parler de guide d'entretien sans faire référence à l'entretien. Ainsi, bien entendu, que l'entretien est une technique de collecte de données qui met en face d'un chercheur, un enquêté (interlocuteur) qui exprime ses perceptions, ses interprétations, ses expériences en réponse à un problème précis soulevé par le chercheur (l'enquêteur). Dans ce travail, le guide d'entretien élaboré a été aux autorités locales, aux personnes ressources et à la population active.

2.1.3.2.3. Grille d'observation

La grille d'observation est un outil de collecte de données qui consiste à constituer un répertoire des éléments de relatifs aux comportements et pratiques des acteurs mais aussi sur l'état des lieux des phénomènes étudiés ou sur qui porte l'observation. La grille élaborée dans cette recherche comporte trois axes majeurs qui indiquent les objets à observer sur le terrain, le matériel avec lequel l'observation doit se faire et la manière dont on doit procéder à l'observation. Le tableau suivant récapitule les techniques les outils de collecte de données.

Tableau III : Résumé des techniques et outils de collecte

TECHNIQUES	OUTILS
Observation	Grille d'observation
Recherche documentaire	Fiche de lecture
Entretien	Guide d'entretien

Source : Données de terrain, avril 2023.

2.1.4. Technique de traitement et d'analyse des données

Nous avons traité les données grâce au logiciel Word qui nous a servi pour la saisie des données collectées sur le terrain.

Les données collectées sur le terrain ont été consignées sur les supports d'entretiens et enregistrées à l'aide d'un portable. Elles sont traitées selon leur pertinence par rapport aux hypothèses de recherche. Comme technique de traitement, nous utiliserons la transcription et l'analyse et le logiciel Word pour la saisie. Nous avons en premier lieu procéder à la transcription intégrale des données entretiens issus des entretiens, du cahier de terrain et des observations faites au cours de la collecte. Ensuite, nous avons catégorisé les informations reçues en fonction des différentes hypothèses formulées dans le cadre de de cette recherche. L'analyse nous a permis de mettre en relation ces différentes informations et de les catégoriser. Enfin, l'analyse du contenu nous a permis de rendre plus clair non seulement les enjeux au tour du patrimoine culturel dans le monde en général mais aussi au Bénin en particulier et plus précisément celui d'Athiémé.

2.1.5. Aspect éthique de terrain

Notre étude porte sur une catégorie de population réservée par rapport à l'objet de notre sujet. Les facteurs à la base de l'abandon du patrimoine culturel sont généralement perçus comme une question sensible et demeure un fait secret pour les acteurs de ce patrimoine. Pour cela, nous aurons à aborder les enquêtée dans un élan de secret professionnel afin de leur rassurer sur la confidentialité des informations recherchées. C'est pourquoi, nous avons rendu la participation des enquêtées à cette étude, volontaire et anonyme. Toutes fois, nous aurons besoin d'une autorisation de recherche et d'une fiche de consentement éclairé adressée aux responsables du site de collecte et si possible à la population active.

2.1.6. Difficultés rencontrées

Dans la réalisation de ce travail, plusieurs obstacles se sont dressés sur notre chemin. En effet, dans la construction du cadre théorique du présent travail, il a été relevé des difficultés d'accès aux ouvrages récents et spécialisés relatifs au sujet. Il existe en effet une très faible documentation locale sur le patrimoine culturel et surtout sur certains aspects dont notamment la gestion. Mais avec des orientations de certains ainés et grâce aux recherches documentaires approfondies, cette difficulté a été contournée. Ensuite pendant la collecte des données, compte tenu de la cible de cette recherche et malgré la technique du choix raisonné, il a été difficile d'échanger en profondeur avec la population active sur des aspects pertinents des vestiges coloniaux de la commune dont la plupart ignore l'existence.

2.2. Présentation du milieu de recherche

Cette recherche s'est déroulée à Athiémé, une ville située dans le département du Mono au Sud du Bénin.

2.2.1. Présentation de la ville d'Athiémé

2.2.1.1. Situation géographique d'Athiémé

La Commune d'Athiémé est située au Sud-Ouest de la République du Bénin, entre les parallèles 6°28' et 6°40' de latitude Nord et les méridiens 1°35' et 1°47' de longitude Est. La ville d'Athiémé est à environ 8 km de la ville de Lokossa et à 110 km de la ville de Cotonou. Elle couvre une superficie de 238 km² soit 14,83 % du département du Mono. Elle est limitée au Nord par la Commune de Lokossa, au Sud par la Commune de Grand-Popo, à l'Est par la Commune de Houéyogbé et à l'Ouest par la République Togolaise avec laquelle, elle partage une frontière naturelle qui est le fleuve Mono. La Commune d'Athiémé compte cinq (05) arrondissements que sont : Adohoun, Atchannou, Athiémé, Dédékpoè, Kpinnou. Ces arrondissements sont subdivisés en 61 villages et quartiers de ville (PDC d'Athiémé, 2018-2022).

2.2.1.2. Historique d'occupation du territoire à Athiémé

La création d'Athiémé remonte au milieu du XVIIe siècle. En effet, c'est pour se soustraire aux expéditions de GLELE alors roi du Danxomè que Donouaditi et Akoumadati quittèrent Abomey pour venir s'installer dans cette nouvelle localité. Les autres villages de la Commune furent progressivement créés des suites des mouvements migratoires de plusieurs groupes sociolinguistiques : les Kotafon venus des environs d'Allada et de Toffo, les Watchi venus de Notsé (Togo), les Mina venus du Ghana, les Adja-talla venus de Tado au Togo. Athiémé doit son nom aux gros arbres à tronc gris blanc communément appelé « ATINWE » (en français on parle de samba) servant à la construction des pirogues, Athiémé signifiant « au milieu des bois blancs ».

De par sa position charnière entre le Bénin et le Togo, la ville a été l'un des grands pôles de commerce et de transaction économique du Sud Bénin-Togo. Après l'installation d'un poste administratif fort de six hommes par la France entre 1885-1891, elle devint protectorat par un arrêté du 10 septembre 1895. De 1895-1901, la ville a servi de lieu de résidence de la colonie française. De 1901-1923, elle devint poste de commandement et cercle de commandement du Mono. A partir de 1923, Athiémé devint le cercle de subdivision du Mono.

Dès novembre 1943, elle devint à la fois cercle de commandement et cercle de division du Mono. A ce titre, elle abrita le chef-lieu des subdivisions de Grand-Popo, Bopa et Aplahoué et le chef-lieu des sous-préfectures de Lalo, Dogbo, Lokossa et d'Athiémé. La quasi-totalité des infrastructures administratives de tout le département du Mono ont été alors implantées à Athiémé. Celles-ci accueillirent les premiers fonctionnaires, les cadres et les premiers écoliers du Bénin.

Avec le temps, Athiémé a perdu son dynamisme économique, administratif qui faisait d'elle une référence dans le département du Mono et sur l'échiquier national comme en témoignent les ruines de ses bâtiments administratifs et coloniaux.

2.2.1.3. Population
La population d'Athiémé a connu une évolution spectaculaire entre 1979 et 2013. De 26.316 individus en 1979, l'effectif a plus que doublé en 2013 pour atteindre 56.247 habitants en 2013. Cet accroissement de la population va se poursuivre à l'horizon du PDC selon les projections démographiques réalisées pour atteindre 76.877 habitants. La plus forte augmentation est observée entre 2002 et 2013 où le taux de croissance a atteint 3,20 % contre 1,81 % pour la période 1992-2002 et 1,63% pour la période 1979-1992.). La disponibilité de la main d'œuvre et la possibilité d'emblaver de grandes superficies sont des facteurs pour faire face aux besoins alimentaires. Ainsi, la croissance démographique galopante constitue un débouché important pour l'écoulement des produits maraîchers.

2.2.1.4. Climat
Du point de vue climatique, elle est caractérisée par un climat subéquatorial de type guinéen dont le régime pluviométrique est bimodal avec un pic au mois de juin (173,11 mm) et un second au mois d'octobre (149,92 mm). La grande saison pluvieuse concentre 40 à 65 % des précipitations et la petite saison en enregistre 18 à 30 %. Ainsi, les mois les plus arrosés sont les mois d'avril, mai et juin d'une part et les mois de septembre, octobre d'autre part. De plus, l'amplitude thermométrique dans la Commune d'Athiémé, entre le mois le plus chaud et le plus froid est de 10°C avec un écart qui constitue un thermo-périodisme acceptable pour le maraîchage. Les températures minima oscillent entre 20 et 26°C alors que les maximas tournent autour de 30 et 35°C. Aux températures minima et maxima correspondent aux plantes maraîchères appropriées. La répartition pluviométrique est favorable aux activités agricoles dans la mesure où elle permet deux campagnes agricoles normales en plus de la campagne de contre-saison ou de décrue qui concerne plus les cultures maraîchères. Elle contribue à cet effet à la sécurité alimentaire de plusieurs ménages et à l'économie locale.

2.2.1.5.   Ethnies

La population de la Commune d'Athiémé reste dominée par deux groupes sociolinguistiques majoritaires que sont : les Kotafon (60 %) et les Adja-talla (30%). Les autres groupes ethniques sont minoritaires : les Ouatchi (5 %), les Mina, les Pédah, les Sahouè, les Haoussa et les Yoruba (5 %). Cette population pratique principalement la religion traditionnelle du vodoun (60 %), le catholicisme (39,4 %), le protestantisme (2 %) et l'islam (5 %).

Pouvoir politique traditionnel

La plupart du temps, les habitants de la Commune sont agglomérés dans les villages composés de hameaux. Ces hameaux sont le plus souvent peuplés de parents très proches ou de descendants d'un ancêtre commun. L'organisation sociale au sein des groupes socioculturels est caractérisée par la structure patrilinéaire, c'est-à-dire que l'individu, dès sa naissance, prend le nom de son père qui lui donne le droit de lui succéder, comme c'est le cas dans la plupart des régions du Sud-Bénin et du centre Bénin.

Traditionnellement, cette structure sociale est pyramidale, avec au sommet le chef de clan ou de lignage, et à la base les ménages issus de ce lignage, avec à leur tête leurs chefs respectifs. Ce rôle de chef de ménage autrefois exclusivement réservé aux hommes, revient de plus en plus aux femmes avec des femmes comme chef de ménage dans plusieurs cas : veuvage, exode du mari, abandon du foyer par celui-ci, deuxième ou troisième épouse dans le cas de la polygamie. La famille au sens restreint du terme est le ménage monogame ou polygame, composé du chef de ménage, des enfants, de l'épouse ou des épouses, des collatéraux ou des personnes à charge.

La figure nous présente la cartographie de notre cadre de recherche.

Figure 1 : Carte du cadre recherche

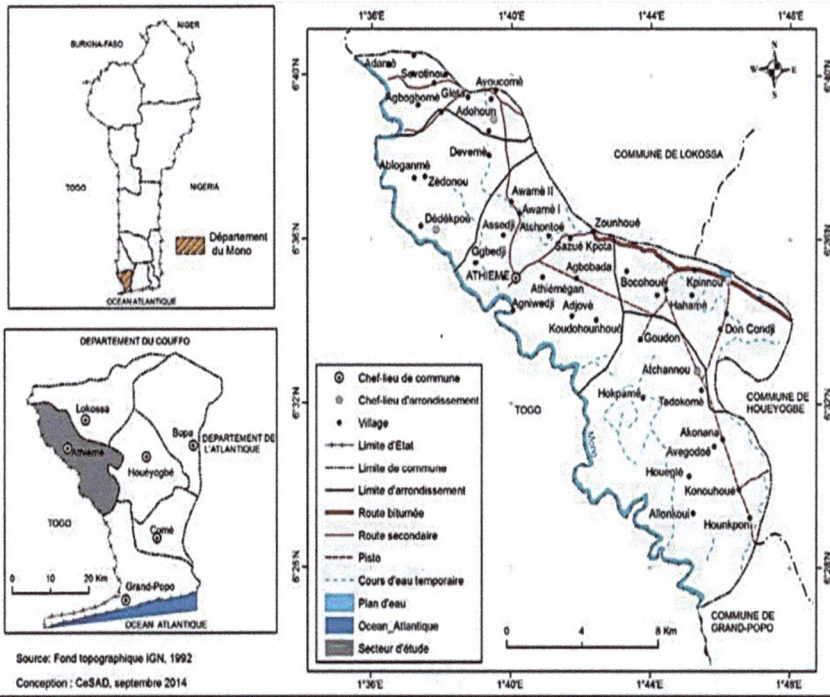

Source : PDC d'Athiémé 3ème Génération 2018-2022.

CHAPITRE 3 : POLITIQUES CULTURELLES TOURISTIQUES DU PROGRAMME DE DEVELOPPEMENT COMMUNAL D'ATHIEME

Cette partie est consacrée à l'exposition des données recueillie de l'enquête de terrain, importante pour la compréhension, l'atteinte des objectifs, l'analyse et la validation des hypothèses.

3.1. Identification des œuvres touristiques d'Athiémé

La commune d'Athiémé constitue un centre d'intérêts pour le tourisme et le loisir. De par sa beauté naturelle, la diversité de sa faune et sa flore ainsi que de nombre de vestiges historiques et culturels, elle est aussi un lieu du Vodoun. Cette commune dispose de ressources et potentialités qui constituent les atouts sur lesquels elle peut se développer.

3.1.1. Les œuvres culturelles d'intérêt touristiques

Athiémé avant de connaitre l'avènement de l'histoire des colons. Avant l'arrivée des colons les chefferies traditionnelles existaient et faisaient une bonne gestion des affaires et assuraient à cet effet la sécurité et le bien-être du peuples. L'arrivé des colons et l'introduction des chefs canton dans le système administratif.

Un canton est généralement composé de plusieurs villages ou quartiers et est administré par un chef canton. Le chef canton est un chef traditionnel reconnu par les autorités locales et est responsable de la gestion des affaires coutumières, sociales et culturelles de sa communauté. La ville d'Athiémé a connu plusieurs chef canton AGBASSA Satchivi. Bien avant lui, « il y eu DOSSOU Akolènou, HOUNNOU Massè, SOHOUAN, KOUESSI, AMAKISSE et AKOUETE » (M. A., 58ans, Guide touristique, avril 2023).

Le chef canton qui a le plus long règne pami tous les chefs canton d'Athiémé est AMAKISSE d'Allounkoui. Il a eu 21 ans de règne. Le canton était d'Atchannou mais il dépendait de Grand-popo. Après lui, c'est le chef Canton AKOUETE qui a renversé AMAKISSE en une journée. Il s'en est suivie celui de AGBASSA. Ce chef canton a marqué son règne de tel en sorte qu'il ne serait jamais oublié. Le plus rigoureux de tous, il était intransigeant dans la collecte des taxes. Son intransigeance et sa rigueur le poussait même à exiler ces frères, sa propre population. Ces trois chefs Canton venant tous d'Allounkoui et de la même cour justifie l'appellation « le village musé d'Allounkoui » qu'est attribué à ce village. Le chef canton AGBASSA avait deux palais, un en ville a Athiémé centre dans le quartier Adanlokpé et l'autre au village. Venant d'une famille princière, il a hérité du palais de ces progénitures à Allounkoui. C'est cet ancien palais qui est encore appelé « palais familial d'AGBASSA ». Pour la tenue de ces séances qui engagent la gestion d'Athiémé il est transporté d'Allounkoui à Athiémé Centre dans un hamac.

Aujourd'hui, ce palais familial n'existe plus et l'histoire s'efface à petit coup. Les investigations menées sur ce palais nous conduit aux reliques de ce passé historique prestigieux de ce roi et de son palais.

- **Les résiduels de la résidence du dernier canton AGBASSA**

Il s'agit des reliques du bâtiment du dernier chef canton d'Athiémé résident à Allounkoui, et une partie du mur en terre cuite. D'une superficie de 16m/10, cette concession a été érigé vers les années 1915 par le chef canton lui-même. Dès sa mort, ses héritiers ne l'on pas entretenir et ces tombés en ruines.

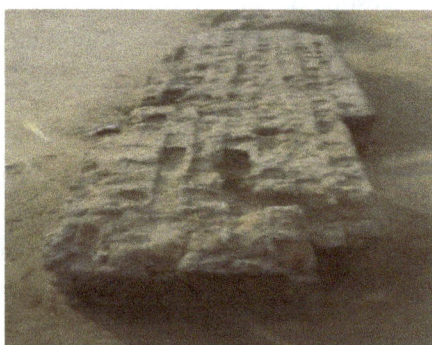

Planche 1 : Vue des restes de la résidence du Chef AGBASSA
Source : Données de terrain, avril 2023.

L'épaisseur des murs de la concession nous montre montre que cette maison la maison était une construction d'une des grandes personnalités de l'époque post coloniale. C'est ce que nous explique une des personnes enquêtées lorsqu'elle affirme :

> « La maison de AGBASSA pour la décrire, nous ne pouvons plus voir une présentation là aujourd'hui mais c'est à l'image des grandes personnalités au temps post colonial où la maison est constituée des murs géants d'environ 0,5 mètre d'épaisseurs et très haut. Tout ça est détruit aujourd'hui mais vous pouvez voir le modèle de Tadocomey chez son conseiller et dans sa résidence à Athiémé centre » (Propos de J. K. 46 ans, Elu local, avril 2023).

De ces propos de l'enquêté, on retient que la maison de canton AGBASSA n'existe plus mais d'autres maison du même existe et pourraient servir d'exemple pour reconstruire celui de AGBASSA.

- **Armoirie du canton AGBASSA**

Cette armoirie comporte est lieux où repose le corps du denier canton AGBASSA. On y trouve sa photo, un hamac, un parapluie, une porte bougie, et d'autre objet du canton. En effet le dernier chef canton avait comme espace de gouvernance l'air adja-talla dans Atchannou, l'air sahouè dans pinot, l'air minan dans Athiémé, l'air Cotafon dans Adohoun et l'air Watchi dans Dédékpouè. AGBASSA montrent de réelle qualité de commandant et fut directement normé à mes troisièmes classes de la irachie des commandements. Au bout de 5 ans, c'est-à-dire en 1948 il reçut la distinction honorifique. Il fut faire chevalier de l'étoile noir. Cette distinction susite une grande jalousie. Ce qui lui a permis de reconstituer le grand canton d'Athiémé, qui s'étend jusqu'au lac TOHO en passent par zougame et djèwa. Les photos suivantes nous montrent les objets présents dans cette armoirie.

Photo 1 : Vue de la tombe du chef canton AGBASSA
Source : Données de terrains, avril 2023.

Sur cette photo, on y trouve un parapluie comportant les seaux des rois et sa photo.

Photo 2 : Vue du hamac du chef canton AGBASSA
Source : Données de terrain, avril 2023.

Ce hamac constitue le moyen de déplacement de canton pour ces différentes séances en ville et de la ville pour le village. Une des personnes enquêtées nous explique qu'il « *s'agit d'un moyen de transport par des humains de Allounkoui, sa résidence du canton pour à Athiémé, le lieu d'exercice administrative du canton ou de Allounkoui pour Grand-popo pour rencontrer de la hiérarchie »* (Propos de J. K. 46ans, Elu local, avril 2023).

Le hamac s'accompagne toujours d'un parapluie pour protéger la personne transportée contre le soleil ou la pluie selon le cas. La photo suivante nous montre ce parapluie.

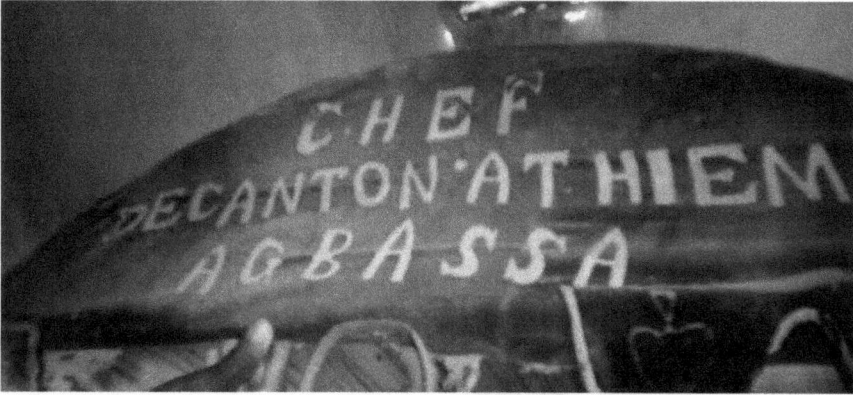

Photo 3 : Vue du parapluie de voyage de AGBASSA
Source : Données de terrain, avril 2023.

A ces reliques, s'ajoutent également d'autres objets comme le vélo qui servait des courses entre Athiémé-Ouidah-Grand-popo, laisse dans laquelle était transportée la nourriture du chef canton, une hache échangée contre 41 esclaves et que sais-je encore.

Tous ces reliques du palais de AGBASSA retracent toute l'histoire de la famille princière depuis AMAKISSE le grand père jusqu'au petit-fils AGBASSA.

- **« Le fleuve Mono »**

Le fleuve mono, orienté vers le Nord-Sud traverse le Bénin et le Togo. Long approximativement de 467km et drainant un bassin versant d'environ 25000km^2, il prend sa source au Togo entre la ville de Bénin et dirige vers le

Sud. Proche de son embouchure, il forme la frontière entre le Togo et le Bénin à travers un système extensif de lagons saumâtres et de lacs.

Selon la population, ce fleuve permet le jardinage, facilite la culture du crincrin, du piment, de l'aubergine, etc... Ils s'en servent aussi pour la pêche et la traversée pour Lomé. Un enquêté déclare :

> Nous utilisons le fleuve pour le jardinage et la culture produits agricole, il suffit juste d'y placer une moto pompe pour alimenter son jardin en eau. Il permet aussi le transport des marchandises comme des bidons d'huile rouge, maïs, farine pour Gbannaki et Grand-popo. Il facilite la pêche, l'agriculture et le commerce » (Propos de S. H., 56ans, Elu local, avril 2023).

De ce verbatim, l'enquêté nous expose clairement les importances du fleuve pour les populations riveraines. La planche de photos suivante nous montre ce fleuve.

Planche 2 : Vue de la berge du fleuve Mono
Source : Données du terrain, avril 2023.

- **« Le lac Toho »**

Le lac Toho est situé au Sud-Ouest du Bénin, à proximité des localités de Houin, Kpinnou et Kpénou. Il a la forme d'un croissant orienté sur Sud-Nord. D'une superficie de 9,6 km2 à l'étiage et de 15 km2 en période de crue, il a en moyenne 7 km de longueur ; 2,5 km de largeur méridionale et environ 500 m de largeur septentrionale. Il a la forme d'un croissant orienté Sud-Nord et est entouré de trois arrondissements : Kpinnou dans la commune d'Athiémé, Zoungbonou dans la commune de Houéyogbé et Houin dans la commune de Lokossa. Le lac Toho a deux importants tributaires qui sont le Diko et l'Akpatohoun. Le troisième, le chenal de Kpacohadji joue à la fois les rôles de tributaire et d'exutoire. Un écoulement du lac Toho vers la Sazué s'effectue par le chenal de Kpacohadji et celui de Kpinnou. Si du Mono, la Sazué ne reçoit pas beaucoup d'eau, le niveau du lac alimenté par le Diko et l'Akpatohoun devient supérieur à celui de la Sazué, ainsi le lac fournit de l'eau à cette dernière et constitue *« une grande zone humide du Sud que partage Athiémé avec Lokossa et Houéyogbé »* (Propos de M.A., 58ans, Guide touristique, avril 2023). Suivant la piste reliant Kpinnou à Don Agbodougbé, le chénal de Kpacohadji coule de l'eau dans des formations alluvionnaires et va communiquer avec la Sazué à environ 800 m de la route bitumée.

3.1.2. Les œuvres socioculturelles
Les œuvres socioculturelles sont de deux catégories : les forêts sacrées et les ressources culturelles et les vestiges historiques.

> ➢ **Les forêts sacrées**
- **La forêt sacrée GUEHOUN**
La forêt sacrée Guèhoun est situé dans l'arrondissement de Kpinou dans le village de Don-Condji sur une superficie d'environ hectares. Faite par quelques images, on assiste de façon générale à une absence remarquable d'arbres dans cette forêt. Cette forêt disposait de véritables arbres et d'un comité jusqu'au lendemain de l'agrandissement de la ferme de l'Etat qui a encerclé cette dernière. A la question de connaitre l'histoire de forêt, un enquêté s'exprime :

> Le village de Don-Condji est créé par TOGBOUI Honga, originaire
> de Notshé au Togo. Sa terre d'accueil est située sur une montée à côté
> d'une vallée. Honga exprima qu'il va vivre à « Don-Condji », c'est-

à-dire sur une montée à côté de la vallée. Plus tard, il bénéficia de la cohabitation des Adja venus de Tado et d'ailleurs. Dans son domicile, celui-ci reçu un jour la visite d'un couple d'individus avec un enfant. En pleine nuit, l'homme donna des coups de bâton à une peau d'animal pendant que la femme criait au secours. Honga s'approcha de leur porte et ne comprit rien. Le lendemain, il repartit à la porte de ses hôtes et constata leur absence. Il partit au champ dans cette matinée et y constata la présence d'un gong neuf au sol dans une position qui prête à commentaire. Il retourna à la maison et consulta les divinités. Il lui a été révélé que c'est un signe de ses hôtes qui sont des divinités. Alors Honga a transformé l'endroit de ce gong en un fétiche qu'il a baptisé Guèhoun. (Propos de V. A., 30ans, Etudiant, avril 2023).

De ces propos, il ressort que cette forêt est érigée sur un fétiche, elle concède aussi ses interdits qui font le propre de sa sacralité. Ces interdits sont : Interdit d'aller au champ les jours du marché de Sè, interdit de consommer la viande de l'épervier, interdit de consommer la viande de l'escargot, interdit à la femme en menstrues d'entrer dans la forêt, Interdit de manger avant d'aller offrir un sacrifice au fétiche Guèhoun.

- **La forêt NAGLANOU**

La forêt Naglanou située dans le Delta du fleuve Mono dans la commune d'Athiémé au Sud-Ouest du Bénin. D'une superficie de 347.894 ha, la forêt Naglanou est située dans le site Ramsar 1017 au Sud-Ouest du Bénin et fait partie intégrante de la zone humide transfrontalière du Delta du fleuve Mono. Elle est dégradée par endroits à cause des champs cultivés en son sein et aux alentours ; de nombreuses espèces de faune et de flore sont victimes de la pression anthropique, et d'autres sont en voie de disparition. Les activités agricoles, de chasse, de pêche ou encore d'exploitation forestière sont récurrentes dans cette forêt et ne sont pas contrôlées. L'exploitation et la dépendance actuelle des populations riveraines vis-à-vis de cette forêt menacent sa durabilité. Par ailleurs, selon un ancien braconnier qui a exercé pendant plus de dix ans avant de troquer contre la sensibilisation à la préservation de la forêt, l'abandon du braconnage est bénéfique à tout égard. Aujourd'hui, la forêt s'améliore et les animaux ne sont plus dérangés. Selon les propos d'un enquêté, « *Athiémé dispose de plus 500 hectares de biodiversité* ». (Propos de M. A., 58ans, Guide touristique, avril 2023). Cette forêt constitue un espace côtier marin qui a une forte potentialité écotouristique grâce à des espèces animales et végétales qui constituent un atout précieux mais pour la seule simple raison qu'elles pas soient pas valoriser fait que personne n'en parle.

> **Les ressources culturelles**

Les ressources culturelles sont constituées de divinités. Elles sont essentiellement collectives : divinités de village, de collectivité ou de famille. Elles sont situées devant des maisons, dans des maisons ou dans des places publiques. Elles regroupent toujours autour d'elles, un groupe de chefs religieux traditionnels, d'adeptes spécifiques qui respectent leurs interdits et célèbrent leurs cultes. Elles sont considérées comme faisant partie du monde des esprits mais matérialisées par des objets de la nature : des mottes de terre, métal, temples, arbres spécifiques. C'est à ces divinités que la plupart des habitants d'Athiémé se confient dans leur vie quotidienne. C'est Dieu qui a créé les divinités que nous adorons, répondent habituellement les chefs religieux et les dignitaires quand nous les interrogeons. Les divinités suscitent et requièrent tout le respect, la vénération, l'adoration et la crainte nécessaires et réclament des attitudes dignes et convenables. Les habitants se prosternent devant les divinités pour exprimer leur soumission. Dans les rituels du culte vodun, chaque vodun a ses rites et traditions. On leur offre des sacrifices selon leurs exigences respectives. Dans tous les l'arrondissement, nous trouvons au moins un temple de vodun. Les entretiens avec les chefs religieux nous ont permis d'identifier quelques divinités.

3.1.3. Potentialités historiques d'intérêt touristiques

La commune d'Athiémé a hérité au XIX siècle des colons des bâtiments qui ont soit servir à une habitation, une administration, une église, un marché ou même une prison. Ces constructions, de styles afro-brésiliens qui jadis faisaient la gloire de cette ville, offre un spectacle désolant.

Selon une personne enquêtée « *Athiémé est né de la traite négrière de la traite des premières* » (M. A., 58ans, Guide touristique, avril 2023). Ancienne capitale du Sud-Ouest du Dahomey (actuel Bénin), Athiémé regorge d'attraits touristiques. Les marques du passé glorieux sont encore visibles à travers les vestiges coloniaux et ancestraux.

Ils sont nombreux et diversifiés. Nous n'allons tenir compte que de quelques-uns.

1- La résidence du 1er commerçant William Johnson AKAKPOVI installé à Athiémé

AKAKPOVI William Johnson riche commerçant est le premier à s'installé à Athiémé au côté du fondateur. Il accueillait les premiers missionnaires qui ont transformés sa chambre en une Chapelle et une résidence. Selon un enquêté, « *sa maison construite en 1890 est une maison à étage avec un air de séchage d'argent et un air de séchage de café et cacao en plus la maison et la résidence des 1er missionnaire* ». (Propos de J. K., 46ans, Elue local, avril 2023). Cette résidence est transformée en chapelle en 1894 après l'arrivée des missionnaires. Mais le constat est triste aujourd'hui ce lieu n'est pas du tout aménagé et sont en voie de disparition. La planche suivante nous une vue l'état actuel de cette maison

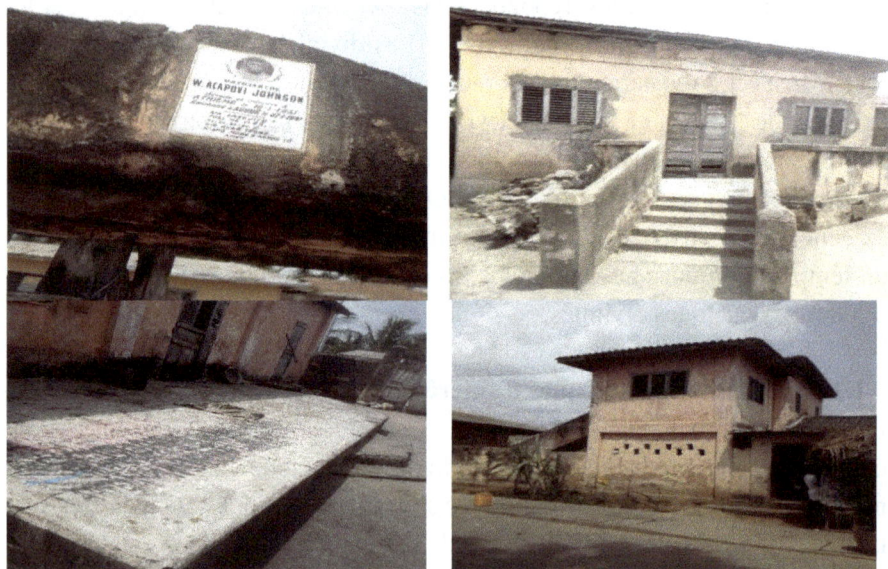

Planche 3 : Vue de la résidence du 1er commerçant William Johnson AKAKPOVI installé à Athiémé.
Source : Données de terrain, avril 2023.

Cette planche nous montre que cette habitation nécessite une réfection. *Assanvidji* est le nom qu'a donné la population au bâtiment habité par les premiers missionnaires. Athiémé est aussi l'histoire de la christianité catholique.

1. EGLISE CATHOLIQUE (paroisse Saint Louis d'Athiémé)

Après Agoué, Athiémé est la deuxième ville du Mono qui a accueilli sur ses terres les missionnaires catholiques. Et comme l'a si bien indiqué une personne enquêtée dans les propos suivant :

> L'arrivée de ces missionnaires est l'œuvre de William Akakpovi Johnson, un commerçant qui est venu s'installer à Athiémé. ''Il a fait amener de Toklpi (Togo) les Pères Dojer, Tevier et Joliff vers 1894. A leur arrivée, il les avait installés dans le bâtiment ''assanvidji'' (Propos de M.A., 58ans, Guide touristique, avril 2023).

Et ce n'est qu'après qu'ils ont aménagé là où ils ont construit l'église. Mais en les faisant venir, William Johnson avait exigé d'eux la construction d'une école, ce qui a été fait dans le troisième mois de 1895. Aujourd'hui, la bâtisse de cette église vieille de plus 130 ans se dresse magistralement dans le ciel d'Athiémé et renforce le patrimoine bâti de cette commune. La photo suivante nous présente cette église.

Photo 4 : Vue de la première église catholique d'Athiémé (paroisse Saint Louis d'Athiémé)
Source : Données de terrain, avril 2023.

Il faut noter qu'elle n'est pas la première église de catholique sur le plan national. Selon les propos d'un enquêté, « *Elle n'est pas la toute première. Elle vient en cinquième position après Allada, Porto-Novo, Ouidah, Grand-Popo et Athiémé. Mais toutes les autres églises sont déjà détériorées, dégradées donc c'est la seule qui peut servir* ». (Propos de M. A., 58ans, Guide touristique, avril 2023).

2. Marché Colonial

Le Marché colonial de la ville d'Athiémé a gardé sont toute son originalité malgré l'usure du temps. Mais ce marché qui entre temps avait fait la fierté de toute une communauté n'est plus animé comme avant. Mais les indices de son existence sont encore visibles. Sur le domaine, on y voit trois entrés faites d'épais poteaux portant des plaques avec des inscriptions ''Marché''. La photo suivante nous montre l'état de ce marché.

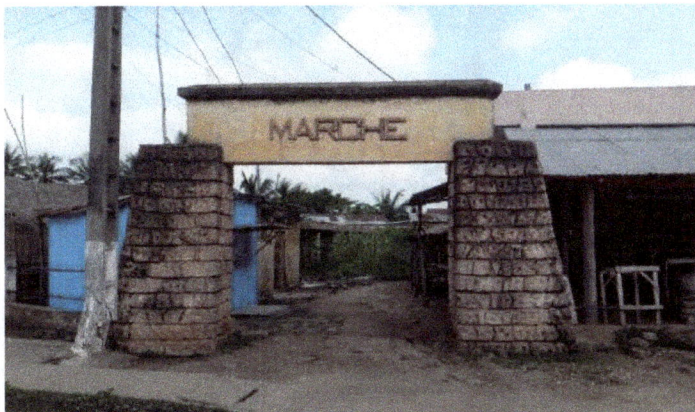

Photo 5 : Vue de l'état actuel du marché colonial.
Source : Données de terrain, avril 2023.

Les trois entrés du marché montrent que le marché qui aujourd'hui est dans un état inexploité était autrefois très animé. *« Nous sommes très jeunes mais on nous a raconté que c'était un marché sous régional car les produits qui s'y vendaient provenaient de plusieurs pays dont le Togo voisin. On y vendait toue sorte de produit... »* (Propos de J. A., 30ans, natif du milieu, avril 2023).
Toujours parlant de l'importance du marché pour les habitants du milieu, les villes et pays voisins, un des tenants des affaires touristiques souligne : *« Ce marché était comme le marché Dantokpa et tout s'y vendait. Il s'animait tous les jours quand bien même c'est lundi son jour habituel d'animation »* (Propos de M.A., 58ans, Guide touristique, avril 2023). C'est dire donc que ce marché était au centre de du commerce dans la sous-région depuis sa création entre 1900 et 1901. Il fut le marché central de Mono c'est-à-dire l'ancien marché, le tout premier marché important du Mono et du Couffo. Mais aujourd'hui, ça fait mal de constater que ce marché ne s'anime plus.

3. Maison John HOLT

Grand magasin de produits manufacturés de la sous-région et grande maison de commerce de la place vers les années 1900 par un colon de nom de John HOLT pour s'installer et faire asseoir son commerce. La photo suivant nous présente l'état actuel de ce dernier.

Photo 6 : Vue de la Maison et en même temps magasin John HOLT construit vers les années 1900.

Source : Données de terrain, avril 2023.

Construit vers les années 1900, cette conception était en même temps maison te magasin, il décerne d'Athiémé à Bopa jusqu'à Lalo, les produits manufacturés. Aujourd'hui, cette maison est dans un sale état.

3.2. Place du tourisme dans le plan de développement communal d'Athiémé

Dans le plan de développement communal d'Athiémé troisième génération (2017-2022), la vision et les orientations stratégiques d'Athiémé ont été définies : d'ici à l'an 2030, Athiémé est une Commune largement désenclavée, bien gérée, à économie prospère basée sur la production agro-alimentaire grâce à la maîtrise de l'eau et ses marchés bien animés, fière de son passé et de sa diversité culturelle, où ses filles et fils, épanouis et unis, vivent dans la paix et la concorde.

Sur cette base, trois orientations stratégiques de développement ont été retenues pour la commune d'Athiémé et se présentent comme suit :

- dynamiser l'économie du territoire ;
- renforcer la démocratie et la gouvernance locale ;

- améliorer durablement les conditions de vie des populations.

C'est vraiment triste de remarquer qu'aucun accent particulier n'a été mis sur le développement de l'industrie touristique. Cela est de mauvais augure et se traduit par la négligence du secteur touristique pour le développement de la commune en même temps qu'une ignorance plus accrue des autorités locales sur l'enjeu du tourisme dans le processus du développement local. Dans ce contexte, un enquêté s'exprime : « *Athiémé au plan culturel n'a pas une politique réaliste bien définie pour gérer les œuvres touristiques d'autant plus que la culture n'est pas en tant que telle portée par une volonté politique de ces dirigeants c'est-à-dire de ces gouvernants locaux* » (Propos de B. M., 45ans, Instituteur, avril 2023).

De ces propos il ressort les autorités locales de la commune d'Athiémé n'ont pas su inscrire les affaires culturelles et touristiques au rang de leur préoccupation. Et cela entrave plusieurs actions. Toujours allant dans le même sens, un autre affirme : « *Les palais existent mais personne n'en parle tout simplement parce qu'il n'y a pas une politique culturelle réaliste bien définie* » (Propos de M. A., 58ans, Guide touristique, avril 2023).

Donc il n'existe aucune politique qui encadre les œuvres touristiques dans la commune d'Athiémé.

En somme, la nature a fait de la commune d'Athiémé un milieu propice au développement du tourisme. Les temples de vodoun, les places des divinités, les sources d'eau naturelles avec un écosystème riche en espèces fauniques et floristiques offrent de sérieuses opportunités d'éco-tourisme. Plus encore, la commune d'Athiémé dispose d'une richesse touristique spontanée à travers son histoire, sa culture et sa civilisation.

Toutes les potentialités du tourisme culturel d'Athiémé sont loin d'être valorisées. Et ce secteur où foisonnent de nombreuses initiatives tant privées que publiques reste inactif et ne contribut pas de ce fait au développement socio-économique de la ville. C'est ce que nous notifie une personne enquêtée en ses termes : « *Actuellement, les œuvres touristiques ne contribuent pas encore au développement de la commune d'Athiémé disons-nous la vérité, elles ne contribuent pas au développement* » (Propos de S. S, 38ans, avril 2023).

CHAPITRE 4 : FACTEURS DE VALORISATION DES ŒUVRES TOURISTIQUES DANS LA COMMUNE D'ATHIEME

Dans cette partie, nous allons exposer les facteurs ou raisons d'abandon des œuvres touristiques et ensuite les différentes actions menées en vue de la redynamisation du secteur touristique dans la commune d'Athiémé.

4.1. Facteurs ou raisons d'abandon des œuvres touristiques dans la commune d'Athiémé

Tout au long de nos investigations, nous avons constaté plusieurs les raisons qui expliquent l'abandon des œuvres touristiques.

4.1.1. Facteurs sociaux

A Athiémé les facteurs sociaux en matière de gestion de affaires touristiques résident dans le lien qui existe en les propriétaires des œuvres touristiques et leurs œuvres d'une part et entre les propriétaires et les autorités locales d'autres part.

En effet, lors de nos investigations on a constaté que la plupart des œuvres touristiques sont des propriétés privées. En 2021, l'inventaire a été fait et tout ce qui existe comme œuvres touristiques est dans une base. Mais, la difficulté est que « *ces œuvres sont des propriétés des individus, des collectivités ou des groupes de personnes* » (Propos de J. K., 46ans, Elu local, avril 2023). Ces propos confirment l'appartenance des œuvres touristiques à des acteurs privés. Malgré cela, les dépositaires sont prêts à laisser la gouvernance et la gestion de ces œuvres à l'autorité locale, prêts à léguer ces œuvres dans le giron de la commune. C'est ce qu'a voulu nous expliquer une des personnes enquêtées lorsqu'elle affirme :

La dernière fois quand on devait mettre en place l'association des acteurs du tourisme là, les propriétaires de site étaient invités à prendre part à la séance. Ils sont prêts que leurs sites soient aménagés, prêt que leurs maisons soient réfectionnées, deviennent autres choses, hôtels, motels, etc. Ils sont prêts que les maisons soient restaurées pour relancer la ville (Propos de M. A., 58ans, Guide touristique, avril 2023).

De ces propos on en déduit que l'appartenance des œuvres touristiques à des personnes n'entrave pas les tentatives d'aménagement et de mise en valeur de ces œuvres. Mettre dépositaires en amont est une fausse histoire, une raison évoquée par l'autorité communal pour ne pas avoir à endosser sa responsabilité vis-à-vis de de son patrimoine. L'implication des propriétaires des sites qui sont souvent des chefs de collectivité à prendre part aux séances de prise de décision en matière de patrimoine la population est impliquée dans la gestion des affaires touristique de la commune et cela est important le développement local.

Malgré cette implication et les efforts de des associations, les sites ne sont pas aménagés. C'est ce que nous explique cet enquêté lui-même propriétaire en ces termes : *«si la mairie pouvait aménager ces sites pour qu'ils soient ouverts au tourisme, ça apportera un plus à l'économie »* (Propos de A. L., 72ans, Tradipraticien, avril 2023). De ce verbatim, il ressort que les œuvres touristiques constituent une source de richesse qui une fois aménagé apportera un plus à l'économie communale et participe de ce fait au développement local d'Athiémé.

4.1.2. Facteurs économiques

Pour la population d'Athiémé abordé sur le terrain les avis varient selon que nous sommes en face d'un enquêté à un autre. Ainsi, à l'inquiétude de savoir ce qui explique l'état actuel des œuvres touristiques répond :

> L'état des œuvres surtout les bâtiments coloniaux s'explique par le manque de moyens des familles propriétaires pour qui ces bâtis sont plus couteux niveau monétaire. Les colons à leur arrivé, ils ont pris des terres, ils ont fait bail chez les propriétaires terriens et on construit leur habitat. Apres leur départ les propriétaires n'ont pas de grands moyens pour les réfectionner c'est pourquoi ils sont restés dans cet état (Propos de A. L., 72ans, Tradipraticien, avril 2023).

De ce verbatim, il ressort que les dépositaires c'est-à-dire les familles propriétaires des biens touristiques n'ont pas les moyens nécessaires pour réfectionner les œuvres touristiques sur les bâtiments coloniaux afin de les valoriser. Raison pour laquelle la plupart des œuvres sont en mauvais état.

De plus, la commune souffre d'un déficit économique qui selon le Programme de Développement Communal troisième génération est essentiellement lié à « l'absence d'une démarche méthodologique de mobilisation du financement extérieur ; la non appropriation des procédures des Partenaires Techniques et Financiers ; l'insuffisance et la non application des mesures incitatives à l'investissement ; l'incapacité des acteurs à monter un dossier bancable ; faible partenariat public et privé ; l'inexistence/insuffisance de produits financiers spécifiques au secteur touristique et l'absence de culture de recours aux prêts bancaire » (PDC, 2018-2022).

Par ailleurs, la majorité des œuvres touristiques étant des propriétés privées, la question de leur état est étroitement liée à l'état financier de son propriétaire et de l'autorité communal qui pourrait leur venir en aide.

4.1.3. Facteurs naturels

Le patrimoine, qu'il soit mobilier ou immobilier, se dégrade naturellement au cours du temps sous l'effet de son utilisation et des facteurs environnementaux et climatiques, altérant ainsi ses matériaux constitutifs. Mais dans des circonstances exceptionnelles, il est également exposé à la menace des catastrophes naturelles et anthropiques qui peuvent agir sur son intégrité et le mettre parfois rapidement en péril.

A Athiémé, les facteurs naturels menaçant les œuvres touristiques sont la sécheresse, l'inondation et les facteurs anthropiques. Mais les risques majeurs que courent les œuvres touristiques sont liés à l'inondation. Ce phénomène agit sur l'état des œuvres touristiques notamment les bâtiments aussi bien coloniaux qu'administratifs. Ce qui agit sur le développement local. Face à cela, un en enquêté donna son avis :

> Si Athiémé ne s'est pas développé aussi, c'est à cause de l'inondation qu'engendre lu fleuve mono. Tous les services administratifs ont été délocalisés pour lokossa. Entre temps, la préfecture était ici, CARDER aussi. A cause de l'inondation qu'engendre le fleuve mono le chef-lieu du département qui était à Athiémé a été délocalisé pour Lokossa. Toutes les administrations de taille ont été délocalisées pour lokossa. Ce qui fait de Lokossa aujourd'hui le chef-lieu du

département du mono… » (Propos de A. L., 72ans, Tradipraticien, avril 2023).

Dans ces propos, l'informateur nous fait comprendre qu'Athiémé doit son état actuel à l'inondation qui dans sa période rend les voies impraticables, envahi les infrastructures sociocommunautaires, les œuvres touristiques mobiliers. Ce qui conduit à la destruction progressive des matériaux constitutifs de ces œuvres touristiques.

A ces deux facteurs d'abandon des œuvres touristiques s'ajoute des problèmes d'ordres matériels et organisationnels qui expliquent aussi l'état des œuvres.

4.1.4. Facteurs matériels

La commune d'Athiémé est confrontée à d'énormes problèmes d'infrastructures. Les routes menant vers les sites touristiques ne sont pas tracées et presque inexistantes, ce qui décourage parfois l'activité touristique dans la commune. Dans le même temps, avec les hôtels, motels et centre d'hébergement qui sont quasi inexistants, certains touristes ont du mal à y venir. L'autre véritable problème qui bloque le secteur d'étude est le problème de l'état de certains sites qui réclament d'être valorisé.

4.1.5. Facteurs organisationnels

- Absence de structures en charge du secteur ;
- Conflit d'attribution entre certaines directions techniques ;
- Mauvaise organisation et mauvaise gestion du secteur touristique ;
- Absence de manuels de procédures spécifiques à la gestion du secteur ;
- Absence d'un cadre de concertation ;
- Insuffisance de synergie intersectorielle.

4.2. Les actions menées en vue de la valorisation des œuvres touristiques dans la commune d'Athiémé

Dans le but de valoriser les œuvres touristiques, plusieurs actions été menées dans ce sens.

Avant de pouvoir procéder à la valorisation d'un patrimoine, il est important de connaitre ce patrimoine. C'est pour comprendre cela qu'un enquêté explique : « *il faut reconnaitre qu'en 2020-2021 l'inventaire de tout le patrimoine a été fait et il faut remercier l'EPA (Ecole du Patrimoine Africain) pour avoir commandité cette enquête* » (Propos de J.K., 46ans, Elu local, avril 2023). A cela, il ajoute une :

> Deuxième action menée, la commune a fait former des guides touristiques qui ont un parchemin et ils savent de quoi ils peuvent parler lorsque les touristes seront là. Troisième action, par le biais de GI-MONO la commune a mis sur pieds une Association des Acteurs du Tourisme qui existe dont le Pr est AGOUTCHON Rock. La mairie fait également appel aux structures organisées pour retracer le circuit, créer des circuits touristiques dans la commune (Propos de J.K., 46ans, Elu local, avril 2023).

A la date d'aujourd'hui, les œuvres touristiques qui sont répertorié sont gérer par des associations. Il s'agit de :

> L'association des Acteurs du Tourisme d'Athiémé sous-entend (AAT-Athiémé) et l'Association des Guides de Tourisme (AGT) de la commune d'Athiémé. Ce sont ces associations qui gèrent les œuvres touristiques de la commune et en collaboration avec la mairie qui est affiliée à GI-MONO (Propos de S. S, 38ans, avril 2023).

De ces propos, il ressort que les institutions privées et les associations sont les seules à prendre bras et corps les affaires de tourisme dans la commune d'Athiémé.

Ces deux associations en filiation avec la mairie ont procéder à l'aménagement que quelques sites. C'est que nous explique un enquêté dans ces propos :

> Le Groupement Intercommunal du Mono (GI-MONO) est une association mise en place par les communes qui fait beaucoup de choses dans les communes. A Athiémé, GI-MONO a aménagé des sites qui jusqu'à présent sont restés inexploités jusqu'à aujourd'hui certains sites sont envahis d'herbes ou dans un état d'abandon. Le Hall des arts, la berge ou le petit Paris au bord du fleuve (Propos de M. A., 58ans, Guide touristique, avril 2023).

De ces propos, il ressort que l'association GI-MONO a aménagé certains sites mais à cause du manque d'entretien certains sont à nouveau dans un sale état. La planche suivante nous montre des vues l'état de la Berge après aménagement.

Planche 4 : Vue la berge après d'aménagement.
Source : Données de terrain, avril 2023.

La berge ou Petit Paris était autre fois l'espace, le lieu où les esclaves, les produits issus de l'agriculture comme cacao étaient entreposés avant d'être déportés pour l'extérieur selon la destination. Aujourd'hui, grâce GI-MONO cet espace est aménagé et confié à un particulier qui a fait de ce site en un bar restaurant. Ce site attire beaucoup de personnes qui y viennent pour prendre un pot ou pour se détendre car c'est site très calme avec une bonne fraicheur du fleuve mono au bord duquel il se trouve. Le nombre de site restant à aménager est grand et ceux aménagés sont négligeable devant ce nombre.

4.3. Discussion

La commune d'Athiémé dispose d'atouts touristiques considérables par l'attrait de son patrimoine culturel et la richesse de ses sites qui lui procurent une vocation touristique par excellence. Elle regorge d'importants vestiges de l'administration coloniale. D'importantes bâtisses retracent l'histoire de cette ville qui fut l'un des neuf cercles créés par l'arrêté général n°149 du 24 juin 1913, et placés sous l'administration d'un colon français, des atouts naturels et culturels aussi. Malgré cette potentialité Athiémé ne prospère guère touristiquement ni économiquement. Constats fait sur place, les œuvres matérielles et immobiliers sont abandonnés et celles immatérielles sont oubliées et s'explique par plusieurs facteurs qui d'ordre financier, naturel, matériel et organisationnel. Quel qu'en soit la nature du patrimoine, il est confronté à des problèmes qui entravent son aménagement et sa valorisation surtout le patrimoine architectural dont la majorité des œuvres sont des propriétés privées. Pour que le

développement du tourisme dans la commune soit une réalité et qu'il favorise le développement de local, des actions prioritaires pouvant permettre d'atteindre l'objectif du développement de la commune ont été identifiées. Mais avant tout, notifions qu'un patrimoine à un valeur culturelle et sociale et un potentiel économique.

Un peuple a toujours besoin de se référer à son histoire pour assurer la continuité d'une identité qui évolue avec le temps. Le patrimoine est un bien collectif qui raconte l'histoire d'un peuple, d'une ville, d'un territoire, et se transmet de génération en génération. Le patrimoine permet aux générations actuelles de se situer dans le temps et de se repérer face aux mutations de notre société ; il est un élément de stabilité dans un monde en évolution rapide. Le patrimoine est aussi un élément essentiel pour permettre à un peuple de montrer sa différence par rapport aux autres sociétés, de manifester sa façon propre de penser le monde et sa capacité de création culturelle. La culture de chaque peuple est une création originale qui se manifeste dans tous les registres de la vie-les actes de la vie quotidienne comme les événements périodiques où il se rassemble, les objets ordinaires comme les productions les plus sophistiquées. L'action en faveur du patrimoine permet de perpétuer les éléments de cette culture nécessaires à l'existence de la société. Il permet parfois, sans que l'on s'en rende compte, de trouver des solutions à nombre de difficultés qu'une communauté et ses membres sont amenés à rencontrer. Préserver le patrimoine, c'est choisir la réappropriation par un peuple de sa mémoire, une réappropriation qui peut être au cœur d'un projet collectif porteur de cohésion sociale. Le faire connaître, c'est aussi contribuer à une meilleure connaissance mutuelle entre les communautés présentes sur un territoire, chacune porteuse de sa propre culture, qui grâce à cela peuvent mieux vivre ensemble. C'est enfin favoriser le maintien de l'équilibre social qui implique la reconnaissance, le respect des différences et de l'identité culturelle de chaque peuple et de ses composantes - un enjeu déterminant pour une politique de développement durable (UNESCO, 2001).

Pour le préserver, il est avant tout important de l'aménager. C'est dans ce sens plusieurs actions ont été menées à travers d'importants d'institutions et d'associations par lesquelles les acteurs publics comme privés peuvent faire recourt pour connaitre leur patrimoine culturel de pouvoir les aménagés et les valorisés pour le développement touristique : Ecole du Patrimoine Africain (EPA), Le Groupement Intercommunal du Mono (GI-MONO), l'Association des Acteurs du Tourisme (AAT), l'Association des Guide Touristiques (AGT), les chefs de collectivité propriétaire. Cela constitue des instances de gestion des œuvres touristiques pour qui les mesures de d'aménagement, de valorisation et de sauvegarde des œuvres touristiques est préoccupation majeure. C'est ce qui a motivé l'Ecole du Patrimoine Africain (EPA) à commanditer en 2021 une enquête consistant à inventorier différentes œuvres du patrimoine culturel de la ville d'Athiémé. Quant aux associations, elles œuvrent également dans ce sens. L'action du GI-MONO via le projet Circuit Touristique du Mono (CIRTOUM) qui a contribué à aménager des sites et à créer des circuits touristiques en est une preuve irréfutable.

Ces actions devrait conduit à la mise en valeur touristique qui est selon l'UNESCO « une source de recettes financières multiples : droits d'entrée des sites visitables et des musées, vente de visites guidées, d'objets dérivés, documents et photos, artisanat. Elle est aussi l'occasion de retombées économiques induites bien plus importantes : dépenses effectuées par les visiteurs pour l'hébergement, la restauration, les transports. Pour les collectivités, elle est encore une source de revenus par les taxes perceptibles sur le séjour, les transports, les sociétés de tourisme (UNESCO, 2006).

Mais hélas toutes ces actions se voient entravées par l'autorité communal et ces conseillers qui n'ont pas su mettre en place une politique réaliste dans ce secteur pour un tourisme développé et prospère, ce qui agit sur l'économie communal et par conséquent au développement communal.

CONCLUSION

Au terme de cette étude, il ressort que la gestion des biens culturels n'est pas chose aisée. De la théorie, il n'existe que deux sortes de gestion culturelle : La gestion publique et la gestion privée. Mais dans la pratique, comme cela a été constaté lors des recherches, le style de gestion est choisi en fonction du bien lui-même et de son ou de ses propriétaires.

La commune d'Athiémé possède une quantité considérable de biens éléments culturels qu'elle doit en grande partie à son histoire et à la diversité culturelle de sa population. Forte de cette richesse, elle devrait être l'une des plus grandes villes touristiques du Bénin et parmi les plus visitée de la sous-région Ouest africaine. Malheureusement, ce n'est pas le cas et cela est en grande partie dû à la gestion qui est faite du patrimoine culturel de la commune.

En effet, des problèmes tels que le mauvais entretien des lieux, mauvais état des infrastructures, la non qualification et l'insuffisance du personnel rattaché aux différents sites, le manque de financement, les problèmes liés au foncier abritant les patrimoines, la mauvaise gestion, la méconnaissance des pratiques de la gestion culturelle, tout ceci coiffé par l'absence d'une politique culturelle réaliste ont été relevés. Ces problèmes constituent un frein à l'essor du tourisme à Athiémé en particulier et au Bénin en Général. Or à l'échelle mondiale, le tourisme est la seule industrie dont le taux de croissance atteint 10% chaque année. Il serait dommage pour Athiémé de ne pas en profiter.

Il importe donc de réhabiliter les sites des patrimoines culturels, de construire des infrastructures de transport afin de désenclaver toute la ville, des infrastructures de logement (Hotels, Motels), de revoir le mode de gestion du patrimoine culturel de la ville d'Athiémé et d'adopter une gestion ouverte et qui intègre les communautés car on ne peut gérer leur patrimoine sans leur consentement et leur participation et mettre en place une politique culturelle digne de non pour une bonne gestion du patrimoine culturel de la ville d'Athiémé. La gestion participative semble donc être le mode le mieux indiqué pour une commune telle que Athiémé.

En définitive, nous pouvons conclure que nos hypothèses de recherche sont vérifiées et valides.

Cependant, ce travail de recherche n'est pas totalement épuisé, bien que limité, il n'est qu'un début qui servira de base à exploiter pour la poursuite d'autres investigations dans ce domaine. A cet effet il importe que les réflexions soient menées dans ce sens pour intégrer d'autres aspects du sujet qui déborde le cadre actuel de notre problématique.

REFERENCES BIBLIOGRAPHIQUES

- AGBOTON Gaston, 2000. In *Culture des peuples du Bénin*. Paris, Présence Africaine, 192p.
- BAILLY. Giles-Henri, 1975. *Le patrimoine culturel, Les pouvoir locaux et la politique de conservation intégrée*, Edition : Delta Vevey, 118p.
- BERGNER André, 2022. « Technique du Bâtiment : Seconde œuvre et les lots techniques », consulté sur https//www.techniques-ingenieur.fr à 29 Septembre à 16h38mn.
- BERTIN Georges et LAULAN Yves-Marie, 2003. *Développement local et intervention sociale*, Ed le harmattan, 317p.
- Campus Africa, 2022. « Patrimoine culturel Africain : Mémoire, identité et interculturalité », consulté sur https://campusafrica.org
- CHASTEL André et BABELON Jean-Pierre, 2004. *La notion du patrimoine*, nouvelle édition 2022, 167p.
- CHAUDOIR Philippe, 2020. *Patrimoine, mémoire et identité,* consulté sur https://www.millénaire3.com le 06/10/2022 à 13h 15mn.
- CHOAY Françoise, 2007. *L'allégorie du patrimoine*, Edition du seuil 1992, 1996, 1999, nouvelle édition revue et corrigée, 272p.
- COKOU Romain, 2021. *Tourisme : Sur les traces des vestiges coloniaux à Athiémé*, consulté sur https://beninsite.net
- DAMERON Audrey, 2017. *L'aménagement urbain*, Ed le harmattan, 659p.
- DEMEURE Julie 2012. « L'utilisation du patrimoine dans l'acquisition du capital historique à l'école maternelle », Education ; dumas 0071302.
- DESREUMAUX Alain., 1992. *Introduction à la gestion des entreprises*, Paris, A. Collin, 252p.
- DI MEO Guy, 5-7 octobre 2005. « Le patrimoine, un besoin social contemporain », patrimoine et estuaires, Actes du Colloque international de Blaye, Blaye, France, halsh-00281467.
- Dictionnaire Larousse 2018, 1095p.
- FANOU B. Ignace, 2022. *Un patrimoine immatériel inconnu, un attrait touristique négligé*, consulté sur https://24haubenin.info
- FICO Gildas Gounou, 2021-2022. « Dynamique socio-économique de l'électrification de l'arrondissement de Guilmaro à Kouandé, Mémoire

présenté dans le cadre de l'obtention de la Licence en Socio-Anthropologie à l'UAC.

- FRANGIALLI Francesco, 1999. *Consideraciones sobre el tourismo internacional*, in Tourisme et Loisirs, 429p.
- GAUTRAND Manuelle, 2020. « Mutation du patrimoine bâti délaissé », Rapport définitif.
- GBEMETONOU Jacques, 2016. « Gestion du patrimoine socioculturel et cultuel de la Commune d'Avrarnkou », Mémoire présenté dans le cadre de l'obtention du diplôme de Maîtrise à l'UAC.
- GREFFE Xavier, 1984. *Territoires en France, les enjeux économiques de la décentralisation*, Ed Economica, Paris, 304p.
- HANSENNE Jacques, 1996. *Les Biens*, Collection scientifique de la Faculté de Droit de Liège, 1314p.
- Le Hégarat Thibault, 2015. *Télévision et patrimoine, des origines à la fin des années 1990*, 891p.
- MARTIN Olivier, 2011. « Les 100 mots de la sociologie », URL : http://journals.openedition.org/sociologie/926.
- MORIN Eucariste, 2006. « Le patrimoine, une ressource pour les communautés locales et un outil de développement social, économique et culturel pour les régions. Etude de cas de trois municipalités du Bas-Saint-Laurent », Mémoire présenté à l'Université de Québec à Rimouski.
- OGOU Komlan Franck, 2004. « Archives photographiques au bénin : Problématique de la gestion d'un patrimoine documentaire menacé », Ecole Nationale d'Administration et de Magistrature / Université d'Abomey Calavi-Technicien supérieur de l'information documentaire.
- PECQUEUR Bernard, 1989. *Le développement local : mode ou modèle*, Ed Syros/Alternatives, 140p.
- Pierre LASSEGUE, 1996. *Gestion de l'entreprise et comptabilité*, Paris, Dalloz, 696p.
- POULOT Dominique, 2006. *Une histoire du patrimoine en Occident, XVIIe-XXIe siècle*, éditions l'Harmatan, 192p.
- Quivy Raymond, Van Campenhoudt Luc, 2017. *Manuel de recherche en sciences sociales*, édition Dunod, 383p.
- TOUATI Kahina, 2012. « Essai d'analyse de l'impact des activités artisanales sur le développement local : cas de la commune de TICHY », Mémoire de master, Faculté SEGC, Université de Béjaia.

- UNESCO, 1972. « Convention concernant la protection du patrimoine mondiale, culturel et naturel », Article2, Paris.
- UNESCO, 2003. « Convention pour la sauvegarde du patrimoine culturel immatériels ».
- UNESCO, 2003. « Diversité culturelle et biodiversité pour un développement durable, place de Fontenoy 75352 Paris 07SP.
- UNESCO, 2003. « Textes fondamentaux de la convention de 2003 pour ma sauvegarde du patrimoine culturel immatériel ».
- UNESCO, 2014. « Indicateur UNESCO de la culture pour le développement ».
- UNESCO, Programme : « Tourisme, culture, développement », Division des politiques culturelle et du dialogue international, secteur de la culture, Doc n°CLT/CPD/CAD-06/13.
- VERNIERES Michel, 2015. « Techniques financières et développement », consulté sur https://www.cairn.info/revue-techniques-financieres-et developpement-2015-1, htm le 03/10/2022 à 12h 10mn.

REFERENCES WEBOGRAPHIQUES
- Https ://larousse.fr/encyclopedie/divers/batiments/26045 consulté le 30/09/2022 à 10h08mn.
- https://www.iesa.fr/telechargez-la-documentation.
- www.gov.bj/actualite/1000/destination-benin---athieme-cite-bois-blancs--premiere-productrice-crin-crin-benin consulté le 30/09/2022 à 14h20mn.
- www.iccrom.org/africa2009/home.asp

ANNEXE

Guide d'entretien adressé aux autorités locales et aux guides touristiques

Bonjour ! Je m'appelle GBEMAHLOUE D. Sabin et ma collègue SODANTONOU K. Elodie. Nous sommes étudiants en fin de formation de Licence en Sociologie-Anthropologie au Département de Sociologie-Anthropologie de l'UAC. Nous avons entrepris une recherche sur les facteurs influençant la gestion des œuvres touristiques dans la Commune d'Athiémé. C'est dans ce cadre que nous nous approché de vous pour collecter des données entrant dans le cadre de notre mémoire de fin de formation. Les informations qui seront issues de cet entretien sont confidentielles et ne subiront aucune manipulation dans ce mémoire.

I- IDENTIFICATION
- Nom
- Prénom
- Age
- Sexe
- Ethnie
- Religion
- Statut
- Situation matrimoniale
- Niveau d'instruction

II- POLITIQUES CULTURELLES TOURISTIQUES DU PROGRAMME DE DEVELOPPEMENT COMMUNAL D'ATHIEME

1- Typologie des œuvres touristique à Athiémé
2- Mode de gestion : acteurs intervenants
3- Mode d'accès aux sites touristiques
4- Organisation du secteur touristique
5- Partenaires ou structures impliqués dans la gestion des œuvres touristiques
6- Contribution des œuvres touristiques au développement local
7- Actions de l'autorité locale dans la gestion des œuvres touristiques

III- FACTEURS DE VALORISATION DES ŒUVRES TOURISTIQUES DANS LA COMMUNE D'ATHIEME

1- Sociohistoire des œuvres touristiques

2- Perceptions sociales des œuvres touristiques
3- Fonctions sociales des œuvres touristiques
4- Raisons d'abandon des œuvres touristiques
5- Profils sociologiques des acteurs des œuvres touristiques
6- Difficultés liées à la gestion des œuvres touristiques

Merci beaucoup pour votre participation !

Guide d'entretien adressé à la population

Bonjour ! Je m'appelle GBEMAHLOUE D. Sabin et ma collègue SODANTONOU K. Elodie. Nous sommes étudiants en fin de formation de Licence en Sociologie-Anthropologie au Département de Sociologie-Anthropologie de l'UAC. Nous avons entrepris une recherche sur les facteurs influençant la gestion des œuvres touristiques dans la Commune d'Athiémé. C'est dans ce cadre que nous nous approché de vous pour collecter des données entrant dans le cadre de notre mémoire de fin de formation. Les informations qui seront issues de cet entretien sont confidentielles et ne subiront aucune manipulation dans ce mémoire.

I- IDENTIFICATION
- Nom
- Prénom
- Age
- Sexe
- Ethnie
- Religion
- Statut
- Situation matrimoniale
- Niveau d'instruction

II- POLITIQUES CULTURELLES TOURISTIQUES DU PROGRAMME DE DEVELOPPEMENT COMMUNAL D'ATHIEME

1- Typologie des œuvres touristique à Athiémé
2- Mode de gestion : acteurs intervenants
3- Mode d'accès aux sites touristiques

III- FACTEURS DE VALORISATION DES ŒUVRES TOURISTIQUES DANS LA COMMUNE D'ATHIEME

4- Sociohistoire des œuvres touristiques
5- Perceptions sociales des œuvres touristiques
6- Fonctions sociales des œuvres touristiques
7- Raisons d'abandon des œuvres touristiques
8- Difficultés liées à la gestion des œuvres touristiques

Merci beaucoup pour votre participation !

Table des matières